Cartas aos SANTOS DO CÉU

D. HILÁRIO MOSER

Cartas aos SANTOS DO CÉU

EDITORA
SANTUÁRIO

Dados Internacionais de Catalogação na Publicação (CIP) de acordo com ISBD

M899c Moser, D. Hilário

Cartas aos Santos do céu / D. Hilário Moser. - Aparecida : Editora Santuário, 2021.
104 p. ; 12cm x 18cm.

ISBN: 978-65-5527-150-8

1. Religião. 2. Cristianismo. 3. Cartas. 4. Santos do céu. I. Título.

2021-371 CDD 240
CDU 24

Elaborado por Vagner Rodolfo da Silva - CRB-8/9410

Índice para catálogo sistemático:
1. Religião : Cristianismo 240
2. Religião : Cristianismo 24

1ª impressão

Rua Pe. Claro Monteiro, 342 – 12570-000 – Aparecida-SP
Tel.: 12 3104-2000 – Televendas: 0800 - 0 16 00 04
www.editorasantuario.com.br
vendas@editorasantuario.com.br

Dedico estas páginas
aos romeiros de Aparecida
e de todos os santuários do Brasil.

PREFÁCIO

Agradeço a Dom Hilário Moser o convite para prefaciar seu novo livro "*Cartas aos Santos do Céu*". Queridos leitores, podem ter a certeza de que também este livro fará um bem imenso para todos nós, para a Igreja e para as pessoas de boa vontade. Como sempre, nosso autor escreve com profundidade, elegância e simplicidade.

Neste tempo de pandemia e, ao mesmo tempo, de esperança, conhecer nossos santos e aspirar a nossa santificação é como encontrar o remédio para a dor, a resposta para tantas perguntas e o caminho certo a percorrer. Este livro quer nos encantar pela vida dos santos e estimular nossa vocação à santidade.

Tenho a impressão de que você, leitor, só pelo título do livro já sentiu em seu coração o desejo de adquirir, ler e divulgar este presente que o autor nos oferece. Enfim, um livro bom é um bom amigo, um bom conselheiro, um bom mestre.

Vale a pena aqui e agora recordar a oração de um santo cardeal: "Ó Espírito Santo, inspirai-me o que devo pensar, o que devo dizer, o que devo escrever, o que devo ler, o que devo fazer, como devo agir para obter vossa glória, o bem das almas e minha própria santificação".

Somos agraciados e privilegiados por mais esta obra de Dom Hilário, como diz seu nome: "aquele que nos faz sorrir". Precisamos do bom humor, da alegria, da graça de compreender que sorrir também é saúde, sabedoria e santidade. Os santos são o sorriso, o beijo, o abraço do Pai a todos nós, seus filhos. Madre Teresa de Calcutá levava pão, remédio e sorriso para os pobres, e São João Bosco escreveu que a alegria é o "décimo primeiro mandamento". O Papa Francisco nos convida a viver a alegria do Evangelho. A alegria é parte integrante do carisma salesiano.

Você, leitor, sentirá muitas alegrias ao ler "Cartas aos Santos do Céu" e será instrumento e profeta da alegria, porque a maior aventura da vida é a santidade. Nós, brasileiros, podemos sentir profunda alegria pelos santos desta terra de Santa Cruz: Santo Antônio de Sant'Anna Galvão, Santa Dulce dos Pobres, os Santos André de Soveral, Ambrósio Francisco Ferro e 28 leigos e leigas mártires do Rio Grande do Norte. Sem falar de vários brasileiros e brasileiras que receberam a graça da Beatificação.

Dom Hilário foi inspirado pelo Espírito Santo para que você, leitor, possa seguir, conseguir e prosseguir no caminho dos santos. Bom proveito e muitas inspirações, consolações e iluminações.

Dom Orlando Brandes
Arcebispo de Aparecida

Apresentação

Em uma manhã, ao acordar, surgiu de repente em minha cabeça a pergunta: por que não escrever uma carta aos Santos do céu? E me parecia ouvir uma voz que dizia: Pela idade que você tem, está na hora de pensar mais no paraíso...

Duvidei umas horas, depois aceitei o desafio. Escrevi a primeira carta. Não gostei. Deletei. No dia seguinte, porém, recuperei-a e aí... o motor engrenou: escrevi a uma enfiada de Santos e Santas, em igual proporção, para não ser acusado de preferências...

Escolhi alguns Santos que podem servir de exemplo e inspiração para os dias de hoje. E aí está o que saiu de minha cabeça e brotou de meu coração. É tudo muito simples, mas tudo muito sincero. Escrevo como falo, conversando. Nem se estranhe o uso do pronome "você": não quer ser falta de respeito, é só para facilitar a conversa; faço exceção para Nossa Senhora.

Conversar com os Santos não é brincadeira, é coisa séria. Cada carta é uma cutucada na consciência da gente; espero que também seja na sua, amável leitor ou leitora. Sabe por quê? Porque a santidade é para todos. Ela não é complicada, não pede penitências especiais, não exige que se façam milagres. Na verdade, quem nos santifica é o Espírito Santo; a gente só colabora com Ele; porém, se não houver colaboração, a vida vai se arrastando pelos caminhos da mediocridade. Não foi para promover a mediocridade que Jesus pregou o Evangelho e morreu na Cruz, foi?

Bem, espero que, ao ler estas Cartas, você sintonize com elas; se gostar, pode assumi-las como próprias; no final de cada carta você encontrará uma linha pontilhada (..........); nessa linha você poderá assinar seu próprio nome, e a carta ficará mais personalizada.

Faço votos de que os Santos e as Santas a quem escrevi estas cartinhas olhem para você com simpatia e, vendo seu esforço, deem um empurrãozinho em sua santificação.

E lembre-se do que disse Jesus: "Vou preparar-vos um lugar, para que, onde eu estiver, quero que estejais também vós" (Jo 14,2-3). Garanta o seu!... O segredo é a santidade; o Caminho é Jesus Cristo; há também uma Escada que leva ao céu: Maria, a Mãe de Jesus!

Dom Hilário Moser, SDB
Bispo Emérito de Tubarão, SC

Meu São Benedito,

Como você é lindo com o Menino nos braços! Quem é essa criança? Eu andei lendo que não seria o Menino Jesus, mas uma criança abandonada que você encontrou e, cheio de misericórdia, tomou-a nos braços para salvá-la da morte. Que coisa bonita, Benedito! Que coração amoroso, o seu!

Pois é, São Benedito, nós vivemos num tempo em que a matança das crianças está na ordem do dia. Se Herodes, que matou talvez umas trinta criancinhas em Belém, vivesse hoje, poderia ser até considerado "santo", comparado aos atuais matadores de crianças.

Não precisa ir longe. Aqui em nosso Brasil: se você tivesse de correr para recolher todas as crianças perdidas nas ruas, as abusadas de mil maneiras, as abandonadas, as famintas, sem casa, sem pais, sem escola, sem futuro... as crianças que o aborto condena à morte... – Meu Deus! –, precisaria de um exército de São Beneditos.

Meu São Benedito, para quem olha para você o que logo chama atenção é o fato de ser um Santo afrodescendente. Você sabe muito bem como foi vergonhosa a escravidão de seus irmãos africanos no Brasil: fala-se de 4 a 5 milhões de escravos, arrancados da África e transportados como animais, para servir aos senhores deste país. Quanto sofrimento, quanta dor, quantas separações de famílias, quantas saudades, quanta miséria, quanta opressão, quanta morte...

O Brasil demorou para abrir os olhos, foi o último país a suprimir a escravidão. Mas quem disse que ela acabou?

Continua sob outras formas. Muitos descendentes de escravos carregam até hoje as marcas deixadas pela escravidão. Quem é que não vê, querido São Benedito, essas marcas estratificadas em nossa sociedade? Quem é que não vê as diferenças de tratamento, de remuneração, de escolaridade, de moradia... Pobre Brasil: o tempo que vai até o fim do mundo será curto para se redimir dessa chaga vergonhosa!

Escravidão! Você sabe muito bem, São Benedito, o que é isso: você foi escravo! Sim, você experimentou como é amargo não ser livre, não ter oportunidades, não ter diante dos olhos horizontes abertos... Um dia, porém, a fé lhe rasgou horizontes infinitos diante de seus olhos. De corpo e alma, você se entregou ao único Senhor, que nunca escraviza: você se fez frade capuchinho; não padre, mas irmão; você quis seguir as pegadas de São Francisco de Assis, que também não era padre: quis ser apenas "diácono", isto é, "servidor".

Agora eu entendo por que você foi parar na cozinha do convento: Frei Benedito, você se tornou cozinheiro dos frades! Prestava seu "serviço" preparando as refeições para os frades de sua comunidade. É por isso que, em muitas de nossas cozinhas, a gente vê sua pequena imagem... Parece até que você, Frei Benedito, quer continuar a "mandar" na cozinha; melhor, "ajudar": você fica de olho nas panelas, nos temperos, no fogão... Sim, você é sempre de casa, por isso está sempre perto do fogão.

Bem, querido São Benedito, já falei demais e vou parando por aqui. Continue protegendo o Brasil: proteja as crianças, os afrodescendentes, as cozinheiras, os cozinheiros; ajude-nos a conquistar a liberdade, a autêntica: a liberdade de filhos e filhas de Deus, de verdadeiros irmãos e irmãs.

Ass: ....

Olá, milagrosa Santa Rita,

Como está? Que pergunta, a minha... Como pode estar uma Santa no céu, rodeada de glória, de paz, de alegria sem-fim? Tanto mais que você não é uma Santa qualquer, mas a "Santa dos impossíveis". Por quê? Porque em sua vida você fez coisas quase impossíveis de se encontrar em uma mesma pessoa: foi casada, foi mãe, foi viúva, foi freira.

Querida Santa Rita, você casou com um homem violento. Quanto sofreu! Que experiência, a sua! Como precisamos, hoje, de sua ajuda. Neste nosso mundo, esse é o destino de muitas mulheres casadas: maridos violentos, beberrões, ausentes, que mais frequentam os bares do que a própria casa, adúlteros, grosseiros... Enfim, quantas mulheres casadas sofrem por causa do marido, sentem-se sozinhas, choram em silêncio, engolem amarguras... Santa Rita, dê uma mão a essas mulheres, venha em sua ajuda; reze para que seus maridos criem juízo e sejam homens de verdade. Sim, Santa Rita, precisamos muito de sua presença entre nós para confortar uma multidão de mulheres casadas que sofrem por causa de maridos como o seu.

Querida Santa Rita, você foi mãe. Teve dois filhos gêmeos. A alegria dos filhos, porém, durou pouco tempo, porque, crescendo, eles só pensavam em se vingar da morte do pai. Apesar disso, você, com suas orações, conseguiu encaminhá-los pelo bom caminho, ensinando-lhes a perdoar. Infelizmente, a morte cedo os levou e você fez a amarga experiência de uma viuvez dolorosa: você foi viúva chorando a morte do marido de forma tão trágica, viúva tentando educar filhos rebeldes, viúva lamentando a morte dos próprios filhos. Você é mesmo a mulher dos impossíveis! Quantos sofrimentos ao mesmo tempo!

Santa Rita, nosso mundo está cheio de mulheres como você: viúvas porque a morte levou o marido, porque o marido as abandonou; mães chorando filhos rebeldes, chorando filhos que a morte ceifou... Meu Deus, que mar de sofrimentos! Mas, você, Santa Rita, que consegue juntar o que parece impossível, lembre-se de socorrer todas essas mulheres. Olhando para você, que elas sintam no coração a esperança e a coragem, sabendo que, apesar de tudo, podem dar um sentido novo à própria vida, como você, que, apesar das oposições, conseguiu dar um sentido novo a sua vida.

De fato, você quis ser freira, entregar-se completamente a Deus no convento das monjas agostinianas. Como foi difícil! Sua idade era o maior obstáculo. Deus, porém, ignorando a questão da idade e o parecer das monjas, que lhe fechavam as portas do convento, transportou-a milagrosamente para dentro do convento, de modo que as monjas, vendo você em seu mosteiro, não puderam colocá-la para fora. Ali você viveu sua consagração total a Deus durante 40 anos.

Que mulher corajosa você foi; que mulher decidida! Fazendo-se religiosa, mais uma vez, você fez o que parecia impossível. Aliás, conta-se que, quando estava para morrer, um parente veio fazer-lhe uma visita e, ao se despedir, você lhe pediu uma rosa de seu velho jardim. Como colher uma rosa em pleno inverno, em meio à neve? Impossível! Não, nada devia ser impossível para Rita. O parente voltou com uma belíssima rosa, e você pôde entregar sua alma em paz a Deus. Santa Rita, a "Santa dos Impossíveis"!

Bem, querida Santa Rita, desculpe tê-la incomodado com toda essa conversa. Saiba, porém, que aqui no Brasil você tem muita gente que lhe quer bem, que a invoca, que pede sua proteção, que recorre a você porque precisa de graças "impossíveis". Chego até a pensar que, de algum modo, você é brasileira, pois o Brasil inteiro a considera de casa. Realmente, o Brasil precisa de um milagre quase impossível para consertar tudo o que está errado; quem sabe, você possa fazer o "impossível" e dar um jeito.

Muito obrigado por seus milagres. Um dia, no céu, a gente lhe agradece de forma melhor.

Ass: ....

Querido São Sebastião,

Eu gostaria de conversar um pouco com você, São Sebastião, tão famoso no Brasil, a ponto de haver até uma cidade maravilhosa com seu nome: São Sebastião do Rio de Janeiro. Mártir das flechadas, sua morte deve ter sido muito dolorosa, mas você, soldado valente, venceu a morte; hoje, no paraíso, é o Santo da coragem, da decisão, do empenho, do compromisso, a serviço do grande Mártir, Jesus. No Brasil, você é de casa: quem não gosta de São Sebastião?

Ah, São Sebastião, como precisamos de sua ajuda! Tenho certeza de que você, soldado corajoso, continua a estar sempre alerta, sempre pronto a socorrer quem precisa. Ajude particularmente seus colegas do exército, da polícia, de qualquer grupo encarregado da vigilância, da ordem. Nem todos são santos; há também entre eles, como em qualquer grupo humano, quem se deixa levar pela desordem, pela violência; mas são pessoas humanas, são filhos e filhas de Deus, têm direito à vida, têm direito a uma vida decente, a uma família... Quantos deles morrem, não a flechadas, mas à bala, quando estão a serviço ou mesmo fora do serviço, em emboscadas...

Que Brasil perigoso é o nosso: quanta violência, quantas mortes, quantos assassinatos! Venha de onde vier, a violência só provoca violência. Querido São Sebastião, inspire aos nossos militares e policiais, a todos os que preservam a segurança e a ordem, sentimentos humanos, de justiça, de retidão; inspire sentimentos cristãos, para que tenhamos uma sociedade justa, fraterna, serena; para que possamos sair de casa tranquilamente e não ser alcançados por alguma bala perdida... Querido São Sebastião, dê uma olhada em "sua" cidade do Rio de Janeiro. Não só lá, mas em todo o Brasil, não queremos violência, queremos paz, fraternidade, solidariedade, justiça, uma pátria de irmãos e irmãs.

Foi precisamente porque vivia esse espírito, que é o de Cristo, que uma chuva de flechadas fez de você um mártir. Mártir significa "testemunha": você testemunhou que Jesus vive, que Jesus é Deus, que o Evangelho de Jesus é o caminho certo; não o caminho do orgulho, da prepotência, da violência, da injustiça. É desse espírito que nós precisamos hoje.

Você, São Sebastião, venerado pelo Brasil afora, que entra em nossas casas como amigo, quase como parente, arranque das almas e dos corações as flechas envenenadas que podem ferir e até matar os irmãos. Cuide de nós, defenda-nos, São Sebastião!

Ass: ....

Querida Santa Teresinha,

Que alegria poder escrever-lhe esta carta! Você é a "Santinha das rosas". Quem não gosta de uma rosa, de modo especial de uma rosa vinda do céu, caída de suas mãos? No entanto, sua vida não foi um mar de rosas, pelo contrário... Muita gente olha para você como a Santinha doce, suave, toda fofa... Nada disso! Você poderia ser definida como "uma barra de ferro coberta de veludo".

Sim, querida Santinha, sei muito bem como foi difícil você dominar seu temperamento expansivo, exigente, melindroso... Foi uma luta que durou a vida inteira, tornar-se dona de si mesma, segurar firme sua alma em suas próprias mãos, controlar seus movimentos interiores, seus impulsos, seus sentimentos, suas irritações... ir arrancando os espinhos do temperamento para cultivar as rosas da mansidão, da humildade, da paciência, da bondade, da disponibilidade... Quantas lutas você enfrentou!

Mas foi assim que você se tornou mestra – você, que foi proclamada "Doutora da Igreja" – em modelagem do próprio caráter, no domínio do próprio temperamento, ensinando a todos que, com a ajuda do céu, podemos fazer de nós mesmos um presente para os outros e para Deus. Como hoje faz falta a boa educação, a gentileza, saber relacionar-se, saber conviver! Querida Santa Teresinha, esse é o tipo de rosas que seria bom ver chover do céu sobre nós, para aprendermos a ser donos da própria alma, a fim de que a convivência seja mais bela, mais florida, mais perfumada do que costuma ser.

Eu sei, querida Santa Teresinha, que a convivência na comunidade do mosteiro carmelita, onde você se fez religiosa, não era nada fácil. Comunidade grande, observância rigorosa, a presença de três irmãs suas de sangue e de uma prima, a frequente "presença" de seu pai mediante donativos ao convento, tudo isso foi um desafio para sua sensibilidade. Mas você sabia fechar os olhos, os ouvidos, a boca e o coração diante de situações desafiadoras, grandes e pequenas, que às vezes não passavam de minúcias, de teias de aranha, que faziam crescer em torno de você uma coroa de espinhos. Sim, a Santinha das rosas bem que poderia ser chamada também a Santinha dos espinhos...

Querida Santa Teresinha, deixe-me dizer ainda uma coisa: o que mais admiro em sua vida é saber que, embora sem sair do mosteiro a vida toda, você nunca se trancou, nunca se isolou diante das necessidades da Igreja, da humanidade, do mundo: você foi sempre missionária, sempre teve os olhos, a mente e o coração voltados para fora do convento, desejando ser apóstola do Evangelho, mártir de Jesus. Não sem razão, você foi constituída Padroeira das Missões.

Veja só, uma monja que nunca saiu do convento, agora, do céu, olha pelas missões do mundo inteiro. Até parece coisa sem sentido. Mas não é. Eu lembro que você, insatisfeita por lhe parecer não ter encontrado seu lugar na Igreja, ao ler a carta de São Paulo aos Coríntios, na qual ele diz que a caridade, o amor é tudo, exultou de alegria e exclamou: "Pronto, agora encontrei meu lugar na Igreja. Na Igreja, eu serei o coração, serei a caridade, serei o amor; assim, eu posso ser apóstola, missionária, mártir... tudo ao mesmo tempo".

Que maravilha, Santa Teresinha, que lição para nós! A gente fica se trancando dentro do próprio cercado, olhando para baixo, à cata de pequenas satisfações, alimentando o próprio egoísmo... ao passo que você nos convida a olhar para o mundo que precisa urgentemente do Evangelho, precisa de Jesus. Por isso, Santa Teresinha, venha abrir o nosso coração, venha ensinar-nos o amor, venha dar-nos lições de disponibilidade, de doação, de serviço, do jeito como você viveu e fez em seu mosteiro.

Eu vou ficando por aqui. Porém não vou me despedir de você, querida Santinha, sem lhe pedir uma rosa do céu também para mim: você sabe muito bem de qual delas eu mais preciso. Pois essa é que lhe peço. Assim seja.

Ass: ....

Amado Santo Antônio,

Santo Antônio, Santo português, Santo italiano, também Santo brasileiro! Santo que entra e sai de nossas casas como alguém da família. Quem não gosta de você, Santo Antônio?

Pois bem, aqui estou eu com esta minha cartinha para incomodá-lo. Sim, porque você, em primeiro lugar, é o Santo das coisas perdidas e achadas. Quando foi que eu perdi alguma coisa e, depois de invocar sua ajuda, não encontrei? Não me lembro de nenhum caso. Seja como for, eu quero pedir que você nos ajude a recuperar os valores que infelizmente, às vezes, perdemos: a vergonha de aprontar certas coisas, o respeito das pessoas, o cuidado dos pobres, a defesa da justiça e da paz... São esses valores que precisamos encontrar novamente, com sua ajuda, Santo das coisas perdidas e achadas!

Além disso, querido Santo Antônio, quero lhe dizer que sua imagem é muito bonita: você sustenta um livro aberto, as Sagradas Escrituras, das quais foi um grande pregador; não por nada a Igreja o apelidou de "Doutor Evangélico", precisamente por seu empenho em anunciar ao mundo Aquele de quem os Evangelhos falam; esse Jesus, que, em forma de Menino, muitas vezes aparece sentado sobre o livro das Escrituras, como que dizendo que tudo o que elas relatam se realizou precisamente nele, Filho de Deus, feito Homem.

Depois, Santo Antônio, sua imagem o representa trazendo um lírio na mão, o lírio da pureza de coração, porque você se entregou a Deus desde pequeno e jamais permitiu que seu coração se manchasse com a mínima ofensa ao Senhor; você traz também um pão na mão, para dizer de seu amor aos pobres, nos quais via a pessoa de Jesus, de forma ainda mais viva do que a via nas Sagradas Escrituras. Aliás, pobre você também foi, quando quis unir-se ao Pobrezinho de Assis, São Francisco, e fazer-se frade menor. Que bela a sua imagem, e mais bela ainda sua vida, Santo Antônio!

Venho pedir que me acolha em sua companhia; que me ensine a amar, ler, meditar e praticar as Escrituras; que me leve a amar e servir aos pobres, vendo neles a pessoa do próprio Jesus; que me ajude a manter limpo meu coração, eliminando dele qualquer impureza; que me torne cada dia melhor seguidor de Cristo, praticante do Evangelho. Se você me ajudar a viver concretamente todos esses valores, que às vezes acabo esquecendo ou mesmo perdendo, penso que isso vale mais do que qualquer outra coisa que você possa me ajudar a encontrar.

Muito obrigado, Santo Antônio, por sua proteção, por sua ajuda, particularmente por ser quem você é, pelo exemplo que você me dá, pelo amor que me dedica, pela oração com que me acompanha nos caminhos da vida. Quando chegar ao céu, vou querer dar-lhe um forte abraço, como os portugueses, italianos e brasileiros sabem dar. Até mais, Santo Antônio!

Ass: ....

Olá, humilde Santa Zita,

Escrevo-lhe estas linhas porque sei que você foi uma grande mulher: grande diante de Deus, porque diante dos homens, infelizmente, você foi até desprezada. Na visão deles, você não passava de empregada doméstica, sem falar que suas origens eram muito modestas. Precisamente, por ser mulher pobre e trabalhadora, quero dizer-lhe quanto a estimo e quanto quero aprender de sua vida o que significa humildade, fidelidade a Deus, empenho no trabalho, santidade.

Sim, querida Santa Zita, você foi empregada doméstica na mesma família por 48 anos. Que perseverança! Que fidelidade! Que dedicação! Servindo a uma família de elevada categoria social, quantas vezes pessoas da criadagem humilharam você, simplesmente por causa de sua origem humilde; ao passo que, diante de Deus, você era grande, maior do que os membros da família a quem você servia.

Querida Santa, que eu aprenda essa lição. Nossa Senhora diz no cântico do Magnificat: "Deus olhou para a humildade de sua serva". Sim, também você, antes de ser "serva" da família que a contratou, foi "serva" do Senhor, como Maria. Em tudo procurou agradar-lhe, atenta à palavra e aos sinais de Deus. Como diz o Salmo 122: "Como os olhos do servo se fixam nas mãos de seu senhor, e como os da serva, nas mãos de sua senhora" (Sl 122,2).

Assim foi sua vida: olhos abertos, atentos aos desejos de seus amos, mais atentos ainda ao mínimo sinal de seu Senhor, Deus.

Há ainda outra lição que você me ensina, querida Santa Zita: a lição do trabalho. Quanto você trabalhou! 48 anos seguidos, todos os dias fazendo as mesmas coisas!... Como deve ter sido cansativo, tedioso permanecer em seu posto e se dedicar a deixar tudo em ordem, quem sabe atendendo também a caprichos e veleidades, que nunca faltam entre os grandes...

Pois é, trabalhar é o destino da gente neste mundo. Trabalhar para deixar o mundo mais bonito, mais ordenado, mais fraterno, mais justo: foi o que Deus determinou quando criou o mundo. Sua vida, Santa Zita, não foi vida de quem se espreguiça, fica bocejando, não sabendo o que fazer; foi vida de trabalho, sem descanso... Ponha, então, dentro de minha cabeça e de minha vontade que o trabalho é digno, que ajuda a manter a mente em ordem, que o trabalho santifica.

Termino. Sua vida é humilde e simples, querida Santa Zita, mas você me dá as lições fundamentais para viver minha vida sob o olhar de Deus. Muito obrigado! Mas não quero deixar de lhe pedir uma coisa: olhe pela multidão de domésticas (e domésticos) de nosso Brasil: que essas pessoas sejam respeitadas, que seu trabalho seja reconhecido, que sejam devidamente retribuídas. Elas precisam de seu "serviço", que, agora, no céu, pode ser ainda mais útil do que foi aqui na terra. Assim seja!

Ass: ....

Glorioso São Judas,

Não posso deixar de lhe enviar esta cartinha porque a fama que você tem de Santo milagreiro não tem tamanho. Não por nada, todos os meses, no dia 28, sobem ao céu súplicas e agradecimentos pela ajuda que você concede a seus devotos, ajuda que com frequência se traduz em autênticos milagres.

Para começar, você foi apóstolo de Jesus. Você nada tem a ver com o outro Judas, o traidor. Você é Judas Tadeu! Foi você que, conforme o Evangelho de São João, perguntou a Jesus: "Por que te manifestarás a nós e não te manifestarás ao mundo?" (Jo 14,22). Jesus não respondeu exatamente à sua pergunta, mas deu uma resposta que você mostrou ter compreendido corretamente e que pode ser resumida assim: Jesus se manifesta aos que ouvem e praticam sua palavra.

Eu penso que foi por isso que você escreveu a carta que faz parte da Bíblia, precisamente sob o nome de "Carta de Judas". Nela você diz, logo no começo, que escreve "aos que receberam o chamamento divino e se mantêm no amor de Deus Pai e na entrega a Jesus Cristo" (Jd 1,1). Você foi o primeiro a "se entregar" totalmente a Jesus Cristo, pois deu sua vida por Ele, sofrendo um terrível martírio. Viva São Judas Tadeu!

Querido São Judas, sua fama de Santo glorioso e milagroso é atribuída ao fato de você ser o advogado das causas "desesperadas e perdidas": é o que todos os seus devotos acreditam e afirmam, inclusive contando inumeráveis episódios e até milagres a esse respeito. Quer dizer que você é o Santo dos apuros, das horas das dificuldades insuperáveis, dos momentos de grande aflição.

Quanta gente vive nessa situação! Pessoas que perderam toda esperança, que não sabem onde bater a cabeça, que não encontram quem lhes estenda a mão, que chegam a perder o juízo, quando não recorrem ao suicídio... Pessoas que literalmente perderam alguma causa porque não lhes foi feita a devida justiça, porque os pequenos com frequência são esmagados pelos grandes, porque a pobreza não tem como pagar advogados caros...

Bem, querido São Judas, fique aqui a gratidão por todos os benefícios que você concede aos seus devotos. E cuide de todos nós para que nunca percamos a esperança, apesar de todos os problemas, para que não fraquejemos na nossa fé. Você que foi apóstolo de Jesus, ajude-nos a sermos fiéis a Ele e a seu Evangelho.

Ass: ....

Querida Santa Luzia,

Aqui estou eu escrevendo esta mensagem, sabe por quê? Porque você é a Santa da "luz", como seu nome indica; a Santa dos olhos, como suas imagens mostram; porque sua vida de discípula e mártir de Cristo "ilumina" a vida da gente.

Olhos, luz, Luzia: tudo fala de luz em sua vida. Embora você tenha sofrido por causa da cegueira, foi-lhe dado o nome de Luzia porque você foi "iluminada" por dentro pela luz de Cristo no batismo. De fato, nos primeiros tempos da Igreja, o batismo era chamado de "Iluminação". Jesus é a luz do mundo. Ele mesmo afirmou: "Eu sou a luz do mundo; quem me segue não andará nas trevas, mas terá a luz da vida" (Jo 8,12).

Não há cegueira que a luz de Cristo não desfaça, não há trevas que a luz de Cristo não dissipe. Foi por isso que você recebeu o nome de Luzia, como para dizer: Vejam, eu não enxergo com meus olhos, mas vejo tudo iluminado e luminoso, porque Jesus me iluminou. Querida Santa Luzia, mulher iluminada e luminosa, que eu valorize mais meu batismo como luz do coração e da mente; que pela luz da fé, que me foi infundida no momento do batismo, eu veja tudo e todos com os olhos de Deus, como Ele vê. Essa é a primeira graça que lhe peço.

Você brilha também pelo martírio. Ser mártir significa ser testemunha de Jesus, a ponto de sacrificar a própria vida por Ele. Você não teve medo de enfrentar os tormentos que lhe foram infligidos, contanto que sua fé não cedesse. Sim, porque a fé não é somente luz que ilumina, é também força que sustenta, dá segurança, infunde coragem. Discípula de Jesus até o extremo de sua vida, você foi fiel ao Evangelho. É toda a sua pessoa que brilha diante de nossos olhos. A palma do martírio que você traz em suas mãos é o símbolo de sua fidelidade de discípula de Jesus até a morte.

Querida Santa Luzia, nós, que vivemos neste mundo em que Cristo está sendo posto de lado, expulso dos ambientes, perseguido... precisamos de sua fé, de sua fidelidade, de sua fortaleza. Nós também somos chamados a ser "mártires", isto é, "testemunhas", talvez não com nossa morte, mas com nossa vida, que deve ser iluminada e iluminar, como Jesus nos recomendou, quando disse: "Vós sois a luz do mundo... Assim brilhe vossa luz diante dos homens" (Mt 5,14.16). Quantas vezes nossa luz ficou amortecida ou até se apagou de vez! Venha reacender a luz de nosso batismo, Santa Luzia, para que não sejamos cegos, não caminhemos nas trevas, mas iluminemos todos os que nos virem.

É isso o que eu queria lhe dizer e pedir. Confio em você, Santa Luzia, para que a lembrança de nosso batismo não fique engavetada em algum móvel da casa, mas se torne a realidade luminosa do nosso dia a dia e, assim, brilhemos diante de todos e glorifiquemos nosso Pai, que está nos céus, que vive na luz infinita da paz e da glória sem-fim.

E lembre-se dos Oftalmologistas, de quem você é a padroeira: ilumine-os com sua luz, para que, fazendo com que os outros enxerguem, eles mesmos não fechem os olhos da mente e do coração à luz de Cristo.

Ass: ....

Amado São Francisco,

Permita que eu seja sincero e lhe diga que você é o Homem do Evangelho, o seguidor da Senhora Pobreza, o reconstrutor da Igreja, o irmão universal, o cantor da Criação, e muito mais...

Desculpe os elogios, mas todos têm sua justificação na realidade concreta de sua vida, querido São Francisco, Pobrezinho de Assis. Ao lhe escrever esta cartinha, eu gostaria de entrar em plena sintonia com sua mente e seu coração; saborear, pelo menos por alguns momentos, a doçura de seu coração de irmão; beber um pouco da água cristalina do Evangelho, que brota de sua alma; sintonizar-me com seu amor sincero, com a Igreja de Jesus Cristo; cantar com você o cântico das criaturas ao Criador. Bendito seja você, querido São Francisco! Você é um dos maiores presentes que Deus concedeu à Igreja e ao mundo, ao longo desses mais de vinte séculos. Quem poderia narrar todas as maravilhas que Deus operou em sua pessoa humilde, simples, pobre, disponível?

Deixe-me dizer uma coisa: o que mais me impressiona em sua vida é saber que você, talvez mais que a maioria dos Santos, seguiu ao pé da letra, praticou global e detalhadamente o Evangelho de Jesus. Você é uma espécie de Quinto Evangelho escrito em carne e sangue. Autêntico Homem Evangélico, isso é o que você é.

Quando fundou a Ordem Franciscana, uma fraternidade de irmãos, você não quis muitas normas, muitos regulamentos; você quis a pureza e a simplicidade do Evangelho de Jesus. É esse Evangelho que todos nós, que nos declaramos discípulos e discípulas de Cristo, deveríamos seguir, pelo menos com um pouco mais de decisão e determinação, pois o Evangelho é a regra suprema de todo cristão, e ponto final.

Querido São Francisco, deixe-me dizer também que hoje nosso mundo precisa de você mais do que nunca. Nele vivemos entre dois extremos: de um lado, uma multidão de pobres; de outro, um restrito grupo de ricos e poderosos; todos "doentes", ou pelo menos tentados pela doença do consumismo. Diante de um mundo que vive atolado na matéria e que anseia cobrir-se de vaidades e bem-estar, você se levanta como um gigante, vestido com um simples burel, pés no chão, bolsos vazios, apontando para a Senhora Pobreza como aquela que, bem entendida e seguida, pode equilibrar os extremos do mundo e fazer dele uma fraternidade de irmãos e irmãs.

Sim, Francisco, sua vida simples, frugal, vivendo do indispensável, é uma lição evangélica que, mais de 800 anos desde sua morte, continua a oferecer ao mundo: a Senhora Pobreza salvará o mundo de toda injustiça, exploração, consumismo desenfreado. Oxalá, querido São Francisco, eu aprenda essa lição, pois, somente tendo o coração pobre, desapegado de tudo, poderei dizer que compreendi o Evangelho de Jesus.

Eu penso que aqui também está aquilo de que a Igreja, hoje, precisa. Você ouviu do Crucificado as famosas palavras: "Francisco, vai e reconstrói minha Igreja". Entendeu que se tratava de reconstruir uma igreja de tijolos em ruína; isso você fez. Depois compreendeu que se tratava de reconstruir a Igreja, Povo de Deus, que precisava reerguer-se de suas misérias, que não eram poucas. E não é disso que a Igreja precisa, hoje? Voltar ao Evangelho, amar a pobreza, a vida simples, despojar-se de um mundo de esquemas que a sufocam, reacender a chama da fé, dedicar-se aos outros, particularmente aos mais abandonados e sofridos, dar oportunidade a todos, tomando como norma suprema o mandamento do Mestre: "Amai-vos uns aos outros como eu vos amei" (Jo 15,12): não é isso o fundamental do seguimento de Jesus?

Pois é, querido São Francisco, quando a gente vê na Igreja pessoas porfiando por ocupar lugar de destaque, desfilando em vestes impecáveis, deleitando-se com um bem-estar recheado de comodidades, afinadas com as últimas invenções tecnológicas, exibindo-se pelos meios de comunicação social, aspirando, satisfeitas, a fumaça do incenso dos aplausos... nessa hora, eu fico me lembrando de você, querido Santo: que contraste!

Por outro lado, sei que o Espírito Santo, que guiou você pelos estreitos caminhos do Evangelho, também hoje está conduzindo sua Igreja e, tenho certeza, ela será reconstruída, onde apresentar alguma rachadura. Creio, sim, será assim, pois a Igreja, detém a promessa de Jesus: "As portas do inferno não prevalecerão" (Mt 16,18).

Desculpe, querido São Francisco, o tamanho de minha carta, mas preciso ainda lhe dizer uma coisa: você é o irmão universal, o cantor da criação. Como precisamos hoje de seu exemplo, de sua companhia! Em um mundo dividido, onde o individualismo cresce da noite para o dia, onde as contraposições vão se acumulando, onde os mais pobres e abandonados são descartados... como precisamos aprender a sermos irmãos universais! E aí a gente olha para você, para quem todos eram irmãos e irmãs, até o irmão lobo, a irmã terra, a irmã morte... Que maravilhosa sua fraternidade! Sendo assim, não é de admirar que você tenha sido também o cantor universal, que elevou a Deus os louvores pelas belezas da Criação. Essas, São Francisco, são lições que precisamos aprender e praticar. Como vê, você é o Irmão indispensável para os dias de hoje, em todos os sentidos.

Bem, querido São Francisco, minha carta ficou comprida, mas você, na paz do céu, tem toda a tranquilidade para lê-la com atenção, sabendo que foi escrita com muito carinho e com uma grande vontade de traduzir na prática a mensagem que é sua vida realmente evangélica. Muito obrigado por tudo, São Francisco! Paz e Bem!

Ass: ....

Querida Santa Dulce dos Pobres,

Santa nossa, Santa brasileira, Santa que tocava sanfona... Com alegria eu olho para o céu do Brasil e vejo brilhar, mais intensa do que outras, uma estrela: é você, Santa Irmã Dulce! Seu nome comprido: Maria Rita de Souza Brito Lopes Pontes, hoje, reduz-se a três palavras: *Santa Dulce dos Pobres*.

Esse nome contém toda a sua vida e todas as lições que sua vida nos dá. *Dulce* foi seu nome de religiosa na Congregação das Irmãs Missionárias da Imaculada Conceição da Mãe de Deus. *Pobres*, desde mocinha, você começou a acolhê-los em sua própria casa. *Santa* foi Deus quem a fez, enchendo seu coração com aquele Amor que é o nome do próprio Deus. Assim, com essas três palavras – "Santa Dulce dos Pobres" –, você ilumina o caminho de todo cristão e aponta o rumo que o Brasil deve tomar, se quiser ser uma pátria de fraternidade.

Seu nome sugere *doçura*, a virtude típica do coração de Jesus Cristo: "Aprendei de mim, porque sou manso e humilde de coração" (Mt 11,29). Eu quase chego a me perguntar se Jesus não teria transplantado para seu peito seu próprio Coração... Aí está essa virtude que supõe humildade, paciência, capacidade de suportar as diversidades de pessoas, as limitações e os defeitos que elas possuem.

Hoje, vivemos tempos em que campeiam a má-educação, a grosseria, o desrespeito, a prepotência, a vaidade, o egoísmo, e quem paga o preço somos todos nós, particularmente os que têm menos oportunidades na vida. O Brasil sempre foi conhecido como a terra de gente acolhedora, e muita gente é mesmo; mas, ultimamente, quantos desencontros, quantas contraposições, quanto ódio! Nós precisamos com urgência da sua doçura, precisamos aprender e praticar essa virtude, que alarga o coração e os braços para acolher a todos, sem reparar nas diferenças de pele, de origem, de religião, de cultura. Sim, Santa Dulce, venha ajudar o Brasil a ser uma pátria fraterna, onde todos possam ter vez e voz.

Quem neste país não tem vez nem voz? Os *pobres*! Todo mundo sabe que nossa terra, com tanta beleza e tanto progresso, é ainda uma terra de pobreza, de miséria, de fome e até de morte. O dia em que nossos políticos e governantes descobrirem que o segredo para fazer surgir o verdadeiro Brasil é cuidar de seus pobres, educá-los e encaminhá-los a uma vida digna, então teremos encontrado o caminho de nossa grandeza.

Você fez isso, Irmã Dulce, cuidou dos pobres, tornou-se famosa até no exterior por causa de suas obras de caridade e de assistência aos necessitados. Andei lendo que você criou várias instituições de filantropia, particularmente o Hospital Santo Antônio, que, construído no lugar do galinheiro do Convento de Santo Antônio, hoje, atende diariamente milhares de pessoas; por isso você foi chamada "o Anjo bom da Bahia" e chegou a ser apontada como candidata ao Prêmio Nobel da Paz; que foi eleita entre os doze maiores brasileiros de todos os tempos... Na verdade, você encontrou o caminho certo para alcançar a grandeza do Brasil e da humanidade: promover os pobres à categoria de irmãos e irmãs que podem viver uma vida digna. Essa é a grande lição que você nos dá, querida Irmã Dulce.

Por fim, quero dizer-lhe, Irmã Dulce, você foi declarada *Santa*. Quem faz os Santos é Deus, mas Ele não confere seus dons e sua graça aos que não correspondem ao seu amor, aos que não assumem compromissos. Ao se fazer religiosa, você se entregou a Deus totalmente. Tenho certeza de que você fez própria a oração de São Francisco: "Senhor, fazei de mim um instrumento de vossa paz"!

Totalmente entregue às mãos de Deus, você deixou que Ele trabalhasse sua mente e seu coração; que introduzisse neles a paz e a capacidade de se doar, de servir, de entregar-se aos pobres, porque em cada pobre você foi capaz de ver o Filho de Deus, Jesus Cristo. Nisto consiste a santidade: Deus transfunde em nosso coração seu Amor, e nós, se correspondermos, transfundimos nosso amor para o coração de nossos irmãos e nossas irmãs. A graça divina e a correspondência humana é que produzem a autêntica santidade. Foi assim que você, Irmã Dulce, tornou-se Santa Dulce.

Bem, vou ficando por aqui. Espero que, com sua ajuda, eu aprenda a percorrer o caminho que você está mostrando: caminho de doçura, de doação aos mais pobres, de santificação. Reze por mim e por todos nós, querida Santa Dulce dos Pobres!

Ass: ....

Caríssimo Anjo da Guarda,

Escrevo-lhe esta carta porque sinto necessidade de "acertar as contas", no bom sentido, com você. Quando eu nasci, melhor, quando fui concebido, o Pai do céu, em sua bondade misericordiosa, designou você para ser meu Anjo da Guarda. E você, fiel à missão que Deus lhe confiou, não largou de meu pé todos os dias de minha vida. Você sempre marcou presença, não como espectador distraído ou desinteressado, mas como amigo que cuida, que se preocupa, que defende, que ajuda. Que honra ter ao meu lado constantemente um Anjo de Deus! Que demonstração de amor por parte do Pai do céu, que se dignou pôr a meu lado um de seus espíritos celestes!

Mas eu, meu querido Anjo, não correspondi como teria sido desejável. Pelo contrário, muitas vezes me esqueci de que você estava ao meu lado. Muitas vezes não dei atenção a sua presença, não agradeci seus cuidados, não me interessei em pedir sua ajuda, simplesmente ignorei você. E, ignorando você, ignorei o amor do Pai do céu por mim, que Ele manifesta, de modo especial, pondo um Anjo ao meu lado para me guardar; esquecendo que tenho ao meu lado o maior e melhor amigo que poderia ter.

Quem sabe fiz você chorar quando eu não caminhava pelos caminhos de Deus, quando me deixava levar por minhas inclinações, quando não praticava o Evangelho, quando minha fraqueza ou malícia me levavam para longe de Deus. Eu lhe virei as costas... e você deve ter chorado minha ingratidão, meu desinteresse, minha falta de amor. Por isso, querido Anjo da Guarda, esta carta tem esta finalidade: pedir-lhe perdão por tê-lo ignorado, por ter sido frio para com você, por não ter apreciado sua companhia, enfim, por tudo o que foi contrário ao que deveria ter sido em termos de amor, de atenção, de interesse, de gratidão a você e ao Pai celeste, que o encarregou de cuidar de mim.

Entretanto, quero que saiba também, e tenho certeza de que você sabe, pois me acompanha todos os dias, que tenho me esforçado para "sentir" sua presença ao meu lado, para confiar em você, para invocá-lo, para me entregar a seus cuidados, seguir seus conselhos, corresponder ao amor que você tem por mim. Por isso também venho lhe pedir que continue a ter paciência comigo, a me ajudar, a me socorrer, enfim, a me amar, como tem feito até agora.

Por fim, querido Anjo da Guarda, quero dizer-lhe toda a minha gratidão por todo o tempo em que você está ao meu lado nesta minha vida. E lhe peço que leve ao Pai do céu meu agradecimento pelo amor que Ele tem demonstrado para comigo, delegando você para cuidar de mim. Termino, rezando mais uma vez, como aprendi a fazer desde criança: "Santo Anjo do Senhor, meu zeloso guardador, desde que a ti me confiou a piedade divina, sempre me rege, guarda, governa e ilumina. Amém".

Ass: ....

Meu querido Dom Bosco,

Escrevendo uma cartinha a tantos Santos, eu não poderia deixar de escrever a você, amado São João Bosco, que é o Pai e Mestre da Juventude. Que vida maravilhosa, a sua! Quando a gente abre o livro vivo de sua vida, não se sabe o que mais admirar! Eu teria tanta coisa a lhe dizer, mas hoje quero falar só de alguns pontos que me parecem ser os mais elevados de toda essa montanha que é sua vida. Digo isso com toda a franqueza, porque conheço bem sua vida e tudo o que, por sua causa, aconteceu e acontece no mundo.

O que muito me impressiona é sua vocação, seu chamado por parte de Deus. Desde criança até a hora de sua morte, você foi um "todo" só: todo de Deus e todo dos jovens, particularmente dos mais pobres e abandonados. A fidelidade à sua vocação e à missão que Deus lhe confiou hoje continua produzindo frutos por meio de seus filhos e suas filhas espirituais. Fico pensando comigo: se você tivesse sido infiel, se tivesse desistido, se não se tivesse dedicado com tanto ardor a cumprir sua missão, o mundo seria diferente.

Quando penso que isso aconteceu com um menino pobre, mas rico de fé e de boa vontade, penso também naqueles que são chamados por Deus e se recusam. Não que Deus se atrapalhe com isso; Ele não se perturba com os fracassos humanos; entretanto, o mundo poderia ter sido melhor, se tivesse havido correspondência. É como se faltasse uma pedrinha no mosaico da História da Salvação. Deus dará um jeito; mas é triste saber que há gente que recua diante das propostas de Deus... Não foi esse seu caso; pelo contrário: por isso é que, hoje, você é Dom Bosco, melhor, São João Bosco!

Querido Dom Bosco, você foi declarado Pai e Mestre da Juventude porque os jovens foram sua herança, ou como alguém disse, "os jovens foram sua pátria". Quando você se ordenou padre, não tomou como propósito: "Prometi a Deus que até meu último respiro seria para meus pobres jovens"? Seu primeiro Sucessor, o Beato P. Miguel Rua, não escreveu que você "não deu passo, não pronunciou palavra, nada empreendeu que não visasse à salvação da juventude"? Você não dizia: "Basta que vocês sejam jovens para que eu os ame de todo o coração"? E na hora da morte, suas últimas palavras não foram: "Digam aos meus jovens que os espero a todos no paraíso"?

Pois é, sua vida foi todinha despendida em favor dos jovens, especialmente dos mais pobres e abandonados. Essa foi a missão que Deus lhe confiou, e você foi fiel até o fim. Seu médico, no fim de sua vida, pôde dizer que você não morria de doença, mas do excessivo trabalho que consumiu todas as suas energias: não foi assim?

Sim, Dom Bosco, você foi e é um gigante na Igreja e serve de inspiração para todas as pessoas que se preocupam com a juventude. Como hoje precisamos de você para ajudar a cuidar de nossos jovens! Você vê quanta juventude se perde pelos becos sem saída dos tempos de agora, quanto jovem drogado, quanto menino e menina de rua, quanto jovem sem lar, sem escola, sem comida, rolando na lama da pobreza mais infame... Venha nos ajudar a cuidar de toda essa imensa multidão de vidas novas que, se não forem cultivadas, vão ser ceifadas pelo mal e pela morte.

Dom Bosco, está na hora de pais, educadores, professores, lideranças... compreenderem sua proposta de salvação da juventude: fazer dos jovens "honestos cidadãos e bons cristãos". Seu método educativo baseia-se claramente na Palavra de Deus, de modo especial no Evangelho. Você usava um trinômio educativo que resumia todo seu empenho de educador santo e de Santo educador: "Razão – Religião – Bondade".

Razão, porque, o que é imposto à mente e ao coração de um jovem, sua mente e seu coração o rejeitam. Os jovens são pessoas em formação, é preciso fazer-lhes compreender as exigências da vida; se não as compreenderem, jamais irão assumi-las. *Religião*, porque é a Palavra de Deus que contém a razão de ser e o sentido de todo ser humano. Sem Deus, nada se faz. Por isso, sua primeira preocupação era sempre cuidar da alma do jovem, orientá-la para o bem, para Deus e conduzi-la à felicidade eterna. *Bondade*, porque, como você dizia: "A educação é coisa do coração". E ainda: "Não basta amar os jovens; é preciso que os jovens sintam que são amados". Sem amor não há educação. Não foi isso que você praticou a vida inteira, querido São João Bosco?

Com razão o Santo Papa João Paulo II declarou você "Pai e Mestre da Juventude". É em sua escola que a gente aprende a lidar com a juventude, a preferir a juventude pobre e abandonada, a educar com o coração, com a razão e com a religião, se a gente quiser fazer de nossos jovens "honestos cidadãos e bons cristãos".

Desculpe, querido Dom Bosco, o tamanho desta carta; eu teria ainda muito mais coisas a dizer a você. Termino fazendo um pedido. A Missa em sua honra começa com as palavras da Bíblia a respeito de Salomão: "Deu-lhe o Senhor a prudência e o saber, um coração generoso e tão vasto, como as areias da praia do mar" (1Rs 5,9). Pois bem: é essa amplidão de visão e esse coração grande que eu peço para mim e para todos os que querem ser educadores dos jovens, como foi você.

Ass: ....

Caríssima Santa Clara,

Quando penso em você, eu lembro que na Bíblia há vários casos em que Deus prefere os jovens aos velhos para realizar seus projetos. Esse foi seu caso, juntamente com seu modelo, São Francisco, não foi?

Pois é, querida Santa Clara, você era uma moça bonita, de família rica, muitos rapazes tinham os olhos cravados em você; também Francisco era simpático, rico, sonhava com mil vitórias para ser famoso em Assis e no mundo de então. Deus, porém, tinha outros planos para vocês dois. Francisco e Clara haveriam de deixar as riquezas e vaidades do mundo para trás e abraçar a Senhora Pobreza. À escola de seu mestre Francisco, você, Clara, tornou-se a mãe de inumeráveis seguidoras de seus passos.

Querida Santa Clara, seu nome, particularmente sua vida, "clareiam", iluminam a vida da Igreja. Que tempos para a Igreja aqueles em que você viveu! Como precisavam da claridade de Deus! Dado, porém, que a Igreja é de Deus e não dos homens, Deus se encarregou de, no alto do monte da cidade de Assis, acender dois luzeiros, cuja luz continua a clarear o mundo até hoje. Qual terá sido o segredo para você ser tão fiel a seu nome e se tornar fonte de claridade para todos os tempos? Eu penso que seu segredo, Santa Clara, foi simplesmente a pessoa de Jesus. Se o Filho de Deus tomou a decisão de adotar a pobreza humana, ao se fazer homem no seio de Maria, levar uma vida de pobreza e trabalho, enfrentar todo o sofrimento, que padeceu... por que Clara de Assis não poderia imitá-lo, senão em tudo, pelo menos em ser pobre como Cristo?

Eu creio que foi esse seu amor a Jesus que lhe deu forças para esquecer tudo o mais e viver somente para Ele, não foi? Foi, sim! Eu estou convencido disso. Quando na vida a gente quer de fato tomar o Evangelho a sério, não há outra solução, por mais generosa que seja, senão esta: amar intensamente Jesus; por causa dele, a gente adquire a força de fazer qualquer coisa, até de dar a vida por Ele, não é assim?

Mas eu sei também, querida Santa Clara, que, para amar do jeito que você amou, é preciso esvaziar totalmente o coração. É aqui que a Senhora Pobreza cumpre sua tarefa: ela ajuda a tirar do coração toda a tranqueira que ocupa o espaço que se quer dar a Jesus Cristo. Orgulho, vaidade, sensualidade, amor ao dinheiro, interesses mesquinhos..., enfim, todo o entulho que enche o coração, tudo tem de ser jogado fora. A limpeza do coração só é possível com a ajuda do Espírito Santo, que queima o que não presta, purifica o que não está limpo, aquece o que esfriou.

Eu bem que gostaria de ver seu coração: ele devia ser todo limpinho, todo puro, todo luminoso, para ali acolher seu amado, Jesus, que é a fonte da luz que você irradia! Portanto, não é somente seu nome que sugere "claridade", mas especialmente sua "vida", que foi toda de Jesus. A Senhora Pobreza abriu seu coração ao Senhor Jesus.

Quando os sarracenos ameaçaram invadir seu convento, você, mulher corajosa, tomou em suas mãos o ostensório com a Sagrada Hóstia, pôs-se na janela, levantando a Eucaristia como escudo contra os inimigos, que fugiram sem saberem o porquê... Querida Santa Clara, continue a "clarear" nossa vida; de modo especial mostre-nos Jesus, mostre-nos a Eucaristia, fonte de luz, fonte de vida para o mundo: essa também é sua missão.

Ass: ....

Caro amigo São Luís Gonzaga,

Amigo, sim! Porque você foi o santo simpático que encantou minha adolescência e juventude. Aliás, em outros tempos, você, que morreu com pouco mais de vinte anos, era considerado e invocado como o protetor da juventude. A gente cantava: "Ó São Luís, patrono de nossa juventude, modelo de virtude, flor do jardim celeste"...

Querido São Luís, fico pensando como Deus deve ter sido generoso em graças e dons para com você! Você, que nasceu em uma família nobre e famosa, cujo ambiente de corte nem sempre favorecia a virtude, desde menino, caminhou sob o olhar de Deus e pelos caminhos do Evangelho. Eu não tenho dúvidas de que você nunca ofendeu gravemente a Deus, aliás, nem mesmo cometeu qualquer ofensa que fosse voluntária. Isso só é possível graças à bondade divina, que, de forma totalmente livre, escolhe pessoas a quem quer conceder dons particulares. Você foi uma delas, querido São Luís, tenho certeza.

Se toda a sua vida foi assinalada por grande pureza de coração, eu sei que você se distinguiu de modo particularíssimo em cuidar de sua pureza de vida, de modo especial em relação à virtude da castidade. Lendo sua vida, a gente fica até estranhando certos cuidados que você tinha, que hoje nos parecem até exagerados. O fato é que você rodeou seu coração, digamos, com uma "coroa de espinhos", ou seja, uma série de cuidados feitos de renúncias, de controles das próprias inclinações e dos próprios sentidos, de penitências até. Quem visita, em Roma, seu quarto de dormir ainda hoje pode observar nas paredes as manchas de seu sangue, que espirrava ao golpe de seus flagelos...

Você não tinha dúvidas: dominava seus instintos, submetendo-os à sua determinação, visando apresentar-se diante de Deus totalmente puro em pensamentos, palavras e atos. Imagine essas coisas, hoje!... Que contraste com nosso tempo, querido São Luís! Tempo de intensa promoção da liberdade sexual, de apelo ao sexo como promotor de vendas de qualquer coisa que seja, de apresentação de tudo o que é desregramento sexual pelos meios de comunicação social, de pornografia descarada... Ao passo que você paira acima de todo esse mar de lama como um lírio alvíssimo e perfumado, querido São Luís.

Até chego a acreditar que muitos consideram você um Santo ultrapassado, porque, dizem, afinal, não precisa exagerar... Sem dúvida, cada Santo é filho de seu tempo, da espiritualidade da Igreja da época, isso é verdade. Mas a essência da espiritualidade é a de sempre, é a do Evangelho, é eterna. Jesus não disse: "Se não fizerdes penitência, perecereis todos" (Lc 13,3)?; também não disse: "Se alguém quiser vir após mim, negue-se a si mesmo, tome sua cruz, dia após dia, e siga-me" (Lc 9,23)? Você, São Luís, não duvidou: seguir a Cristo foi seu ideal de vida, por isso não teve medo de renunciar a si mesmo e carregar a própria cruz.

Precisamente, porque você decidiu seguir Jesus, tornou-se religioso da Companhia de Jesus, o que exigiu que renunciasse às honras de sua nobreza, ao bem-estar de sua família, às heranças que lhe seriam devidas; você preferiu ficar pobre com Jesus. E como Jesus, você abraçou a cruz, ao longo de sua existência, pela renúncia a tudo o que se contrapunha a Ele, em particular no fim de sua vida. Jovem estudante de teologia, quando a peste tomou conta de Roma, você não se trancou no quarto, mas foi às ruas socorrer os doentes, chegando a carregá-los nas costas para poder dar-lhes um pouco de serenidade e cuidados. Foi ao carregar essa "cruz" que você contraiu a peste, que o levou à sepultura. Gesto heroico digno de um mártir, de modo que sua vida e sua morte o tornaram semelhante a Jesus. Você é um verdadeiro Jesuíta, no sentido mais profundo e amplo da palavra!

Que grande Santo você é, querido São Luís! Então, agora que goza das alegrias da felicidade do paraíso, lembre-se de mim e me ajude a seguir Jesus o mais possível e a praticar seu Evangelho com maior generosidade.

Ass: ....

Querida Santa Madre Paulina,

Que alegria poder conversar com você, Santa Madre Paulina do Coração Agonizante de Jesus! É que eu conheço você desde quando eu era menino, pois ficava olhando sua foto e lia sobre sua vida. Sabe onde? No "Almanaque de Aparecida", isso mesmo: todos os anos ele chegava a minha casa. Lembro-me bem de sua imagem, séria, serena, quase dando a impressão de desafio, o que na realidade foi sua vida, um autêntico desafio.

Bem, hoje eu quero lhe dizer que me recordo sempre de você, a admiro. Você chegou ao Brasil como criança vinda da Itália, quando se chamava Amábile Visintainer; desde pequena, viveu e trabalhou na colônia de seus pais; nasceu com o coração e a alma inflamados de amor pelos pobres e doentes; teve a coragem de reunir a seu redor colegas para se dedicarem à mesma missão; recebeu a grande graça de a Virgem Maria lhe aparecer, dando ordens para fundar a Congregação a que deu o nome de Irmãzinhas da Imaculada... Que maravilhosa sua vida! E que vida sofrida foi a sua! Mas, hoje, a alegria celestial que experimenta no paraíso quem pode descrever?

Querida Madre Paulina, penso em você particularmente em dois momentos de sua vida. Em primeiro lugar, penso na sua vocação, no seu chamado. Quem poderia imaginar que uma mocinha da roça, ora de avental, ora com a enxada nas mãos, trabalhando escondida nos fundões do interior de Nova Trento, em Santa Catarina, seria escolhida por Nossa Senhora para dar vida a uma Congregação Religiosa? Realmente, com razão, a Santa Virgem Maria, ao visitar sua prima Isabel, cantou: "Deus pôs os olhos na humildade de sua serva" (Lc 1,48). Sim, Deus pôs os olhos em você.

Humildade e serviço: eis a síntese de toda a sua vida. Sim, desde mocinha você ajudava na igreja dando catequese para as crianças; um pouco mais tarde, cuidou dos enfermos da redondeza, a ponto de até sacrificar sua vida de família para se dedicar a eles de forma mais próxima e mais atenta. Para isso, inclusive, começou a rodear-se de algumas colegas, que acabaram sendo a semente da futura Congregação das Irmãzinhas da Imaculada.

E a humildade? Brilhou particularmente quando você, Fundadora e Superiora-Geral da Congregação, por determinação superior, foi dispensada do cargo de conduzir a Congregação... Só Deus sabe como você deve ter se sentido em uma hora como aquela! Sem dúvida, você, que adotou o nome de Paulina do Coração Agonizante de Jesus, também sentiu agonizar seu próprio coração; mas, em sua humildade, você se retirou a uma vida silenciosa, discreta, feita de pequenos serviços e de oração.

O governo da Congregação estava nas mãos de outra Irmã; no entanto a fecundidade da Congregação brotava de seu coração ferido, mas orante. Quantas horas em silêncio diante do sacrário, quantas confidências com Jesus! Sem falar em seus sofrimentos físicos: diabetes, amputação de um braço, cegueira... tudo posto sobre o altar do sacrifício, fecundando o trabalho das Irmãzinhas da Imaculada espalhadas pelo mundo a anunciar Jesus Cristo e seu Evangelho. Como você é grande diante de Deus, Santa Madre Paulina!

Pois bem, querida Madre Paulina, venha ensinar também a mim, a todos nós, a confiar, a ter coragem, a servir na humildade e na oração, pois esse é o núcleo central do Evangelho de Jesus.

Ass: ....

Grande São João Batista,

Alegro-me por lhe escrever esta cartinha. Quando penso em você, sempre me lembro das palavras de Jesus: "Em verdade vos digo: entre os nascidos de mulher, não apareceu ninguém maior do que João Batista" (Mt 11,11). Que elogio, hein, meu querido São João! De fato, você foi grande desde o nascimento, porque nasceu de Isabel, que era estéril e, além disso, idosa, como igualmente seu pai Zacarias. Você foi grande também por ter sido a primeira pessoa neste mundo a receber a visita do Filho de Deus, apenas concebido no seio de Maria. Você "sentiu" a presença de Jesus e, como diz São Lucas, "saltou de alegria no seio de sua mãe" (Lc 1,44). Grande você foi em toda a sua vida, particularmente em sua morte. Grandeza do homem escolhido por Deus para ser o divisor entre o Antigo e o Novo Testamento, o Precursor do Messias.

Quando penso em você, grande São João Batista, penso também que aquele seu estremecimento de alegria no seio de sua mãe extravasou para todos os seus parentes e toda a vizinhança no momento de seu nascimento. Todos, maravilhados, perguntavam: "Quem virá a ser este menino"? (Lc 1,66). Assim, a alegria marcou sua vinda ao mundo. Penso que é por isso que, ainda hoje, em sua festa, querido São João, o povo acende fogueiras, canta e dança, ouve-se música, todo mundo come e bebe, fica alegre e contente. É uma alegria que iniciou com você no seio de sua mãe. É uma alegria evangélica, porque anuncia a alegria da chegada do Messias. A alegria da salvação prometida que viria redimir nosso mundo de seus pecados. Você, João, foi o Precursor de toda essa alegria!

Quando penso em você, querido São João, lembro-me de suas palavras a respeito de Jesus: "É preciso que Ele cresça, e eu diminua" (Jo 3,30). Quanta humildade! Você podia ter enrolado o povo, assumindo o papel de Messias, mas foi sincero, recusou essa infâmia e se calou. Não se calou, porém, diante da desfaçatez de Herodes, censurando-o por seu atrevimento: "Não te é lícito ficar com a mulher de teu irmão" (Mc 6,18). Essas palavras lhe valeram a prisão e, em seguida, o martírio: você teve a cabeça decepada. Não podia haver maior "diminuição" do que esta, mas, ao mesmo tempo, não podia haver testemunho maior em favor da justiça do que este.

Hoje, São João, quanta gente se mete a fazer o papel de Messias, anunciando, prometendo, ameaçando catástrofes iminentes... Pior ainda, abusando da fé simples do povo para encher os próprios bolsos, em nome do testemunho de Jesus... Se hoje você vivesse, São João, quantas vezes teria de perder a cabeça, nesta sociedade em que roubar a mulher do outro é parte "importante" das novelas e, o que é pior, da vida concreta de muitas pessoas?

Por tudo isso, querido São João Batista, precisamos muito de seu testemunho de vida entre nós; não somente no mês de junho para fazer festa, mas no dia a dia, para vivermos a alegria simples, austera, autêntica do Evangelho; para que Jesus cresça em cada um de nós; para que nós saibamos "diminuir" um pouco o tamanho de nosso orgulho e de nossa vaidade; para que a gente saiba amar, proclamar, defender a Justiça; para que nossas famílias sejam preservadas, mantidas unidas. É isso que, com minha cartinha, eu gostaria de pedir a você, Grande São João Batista, para mim e para todos nós.

Ass: ....

Querida Santa Bernadete,

Escrevo-lhe com grande simplicidade e confiança, na esperança de que você, que viu com seus olhos, que ainda hoje não foram corrompidos pela morte, a Imaculada Virgem Maria, ensine-me e me ajude a amar e servir a Santa Mãe de Deus, como você fez. Que felicidade, a sua, ver Nossa Senhora e conversar com Ela! A gente não consegue entender por que Ela escolheu você para dar início àquela fonte de graças, dons e milagres, que é a gruta de Lurdes. Uma coisa é certa: Deus não escolhe os orgulhosos, os vaidosos... escolhe os humildes, os simples, os ignorantes até. Ele executa seus planos por meio de pessoas assim, que depois nos deixam boquiabertos pelas maravilhas que acontecem nelas e por meio delas. Foi isso que Ele fez com você. Fico imaginando sua alegria no paraíso ao estar para sempre junto de Maria Santíssima, a Imaculada Conceição.

Se não erro, você era uma mocinha analfabeta em questão de letras, não, porém, em questão de fé, de amor a Deus, de amor ao próximo; nisso você era "doutora". Creio que a Mãe de Deus ficou encantada com sua pobreza e a pobreza de sua família, com sua simplicidade e disponibilidade e também com sua determinação e prontidão. Quanto você teve de sofrer por causa das aparições... Interrogatórios, dúvidas, questionamentos, ameaças... enfim, uma via-sacra que teve de percorrer até que tudo se esclarecesse. No entanto você nunca perdeu a serenidade, a calma, a capacidade de reagir, de argumentar, de testemunhar a realidade dos fatos; nunca foi a mocinha bobinha, que se deixou levar por imaginações. Não! Você foi uma pessoa bem concreta, com os pés no chão, mas com a capacidade da fé, pronta a acolher a visão, a presença, a palavra da Virgem Imaculada.

Quem poderia imaginar que você seria escolhida para ser a depositária e a anunciadora ao mundo das celestiais palavras da Mãe de Deus, quando você quis saber seu nome, e Ela, levantando os olhos para o céu, disse: "Eu sou a Imaculada Conceição". Não que isso fosse novidade na Igreja, pois a doutrina da Imaculada Conceição vinha sendo defendida por grandes Santos e doutores desde a Idade Média, senão antes; tanto mais que, quatro anos antes das aparições em Lurdes, o Beato Pio IX havia declarado como dogma de fé a Imaculada Conceição de Maria. Nossa Senhora, de certa forma, aparecendo a você, quis confirmar o que o Papa havia declarado como verdade de fé para toda a Igreja. Que maravilhosa integração entre a terra e o céu! E você, Santa Bernadete, foi o alto-falante que proclamou ao mundo inteiro, confirmando, em nome do céu, a verdade da Imaculada Conceição.

Tenho certeza de que ir a Lurdes, conhecer a gruta onde Maria lhe apareceu, banhar-se na fonte que Ela pediu para você começar a escavar, rezar o rosário, receber os sacramentos da Confissão e da Eucaristia, invocar a proteção de Maria Santíssima, quem sabe, mudar de vida e até alcançar algum milagre, visitar a gruta das aparições, as três igrejas sobrepostas, a basílica subterrânea, que recolhe milhares de devotos, todo o ambiente que rodeia esse lugar santificado... tudo isso faz com que, em Lurdes, os devotos sintam-se como que diante da porta do céu.

Na realidade, Santa Bernadete, Maria, nas ladainhas, é invocada como "Porta do Céu": é bem isso que Ela é. Ela veio a nosso mundo, quis conversar com você e encarregá-la de difundir sua mensagem de oração e penitência, precisamente para fazer daquela gruta a porta do paraíso. Digo isso porque Lurdes não é somente terra de graças e milagres; mais do que tudo é terra de conversão, de reconciliação com Deus, de retorno a Jesus Cristo. Realmente, lá se verifica: *A Jesus por Maria!*

Desculpe meu papo um tanto longo; como poderia ser breve, se, conversando com você, é como ser transportado junto à gruta das aparições e, em sua companhia, Santa Bernadete, sentir que estou na presença da Mãe de Deus, que também é minha Mãe? Então, por favor, ajude-me a ser verdadeiro devoto de Maria; que minha devoção não consista só em orações a Nossa Senhora, pedir-lhe graças, solicitar-lhe milagres, mas também, particularmente, em imitar a Mãe de Jesus, de modo especial em sua fé e na generosa doação ao serviço de Jesus e dos irmãos e das irmãs de Jesus. É isso que eu mais desejo e lhe peço!

Ass: ....

Olá, querido São Pedro,

Escrevo-lhe porque preciso de sua ajuda, aliás, porque todos nós precisamos de sua ajuda. Quanta coisa eu teria para lhe dizer, mas vou me restringir a três pontos que mais me impressionam em sua vida de apóstolo de Jesus.

Em primeiro lugar, querido São Pedro, olhando nosso mundo do jeito que está, precisamos muito de você, que, de pescador de peixes, Jesus transformou em pescador de homens. No mar da vida de hoje, quanta gente se afoga por falta de fé! E você, São Pedro, é o apóstolo da fé, pois foi sobre a rocha de sua fé no Filho de Deus Vivo que Jesus construiu sua Igreja, não foi? Nesse sentido, como é significativo o episódio ocorrido no Mar de Tiberíades, quando você quis caminhar sobre a água ao encontro de Jesus e, ao primeiro sopro de um vento mais forte, começou a afundar. Sim, mas você teve a humildade de gritar: "Senhor, salva-me!" e Jesus logo lhe estendeu a mão.

Que experiência, a sua, querido São Pedro: no momento de afundar, sentir a mão do Salvador que o salvou do afogamento! Esse episódio é uma grande lição para os dias de hoje. A fé que Deus nos comunicou no batismo, em muitas pessoas, está quase se apagando, se já não estiver apagada... Acredita-se em muitas bobagens, as pessoas são enganadas por espertalhões, procura-se uma espiritualidade que só busca visões, aparições, milagres... que só acredita no que vê, no que toca, no que experimenta. Precisamos com urgência que o Salvador nos estenda a mão e não nos deixe afundar no mar das dúvidas, das incertezas, das opiniões, dos falsos profetas. Precisamos daquela fé que você professou quando Jesus perguntou o que as pessoas diziam a seu respeito, e você, prontamente, respondeu: "Tu és o Filho do Deus Vivo" (Mt 16,16). Se não se crê em Jesus Cristo, não há mais ninguém em quem crer e que nos possa salvar, não é assim, São Pedro?

Em segundo lugar, eu penso que você foi objeto da grande misericórdia de Jesus. Não só pelo fato de Ele ter feito de você o chefe dos apóstolos, de confiar a você o cuidado de seu rebanho, a Igreja: tudo isso é misericórdia para com um pobre pescador da Galileia, não é? Sim, é verdade. Entretanto, a misericórdia de Jesus se mostrou imensa no momento em que você, por três vezes, negou que o conhecia. Naquele instante, Jesus ia passando, parou, fixou seus olhos em você... Que olhar, o de Jesus! Que imensa a misericórdia do Senhor! Mais uma vez Jesus lhe estendeu a mão no momento em que você ameaçava naufragar no mar da fraqueza e do medo. Em resposta ao olhar de Jesus, seus olhos derramaram um mar de lágrimas, lavando seu pecado.

Esse episódio, querido São Pedro, é muito gratificante para nós, pois nós também com frequência afirmamos, com palavras ou com atos, que não conhecemos Jesus. No entanto, Ele está sempre ao nosso lado e fixa seus olhos em nós, despertando nosso arrependimento e enchendo nosso coração com sua misericórdia. Pois é: além de ter fé no Filho de Deus, precisamos ter fé em sua misericórdia, que vem nos salvar no momento em que as ondas revoltas do mar da vida ameaçam nos tragar. "Jesus, eu confio em vós": eis a oração que deveria estar continuamente em nossos lábios.

Em terceiro lugar, como me impressionam suas palavras no momento em que, depois da ressurreição, Jesus lhe perguntou por três vezes se você o amava. E você respondeu: "Senhor, tu sabes tudo, tu sabes que eu te amo" (Jo 21,17). Que testemunho maravilhoso, São Pedro! Pois bem, eu gostaria de poder dizer, com a mesma intensidade e profundeza com que você falou, as mesmas palavras: "Jesus, tu sabes que eu te amo!" Elas são uma bela oração, para todos os momentos da vida. Oxalá possamos repeti-la muitíssimas vezes ao longo de nossa existência, particularmente no momento de nossa morte.

Fico por aqui, querido São Pedro, tentando tirar lições de vida de sua vida. Venha nos ajudar; venha ajudar a Igreja a mostrar ao mundo que ela ama Jesus e que por Ele está disposta a sacrificar a vida como você a sacrificou.

Ass: ....

Querida menina Santa Inês,

Aqui estou eu, querida Santinha, mártir aos 12 anos de idade, para dizer-lhe quanto lhe quero bem e quanto a admiro. Afinal, você era quase criança, no entanto, com a segurança e firmeza do Espírito Santo, não teve medo de enfrentar o martírio. Disputada pelos que admiravam sua beleza, você se manteve íntegra para seu amado, Jesus Cristo. O sangue de seu martírio foi a bênção que consagrou seu amor pelo Esposo divino. Hoje, você brilha nos céus da Igreja como estrela que irradia beleza e infunde coragem.

Seu exemplo não se perdeu nas névoas do tempo; pelo contrário, continua a apontar o caminho da fidelidade a Cristo e a seu Evangelho. Há muitas meninas da sua idade que foram suas imitadoras. Só quero lembrar aqui duas mais próximas de nós, porque são brasileiras: a Beata Albertina Berkenbrok, da diocese de Tubarão, em Santa Catarina, e a Beata Benigna Cardoso, da diocese do Crato, no Ceará. Foram duas meninas de 12 anos que preferiram sacrificar a própria vida a sacrificar a própria pureza e virgindade. Sem falar de Santa Maria Goretti, na Itália.

Querida Santa Inês, vivemos tempos difíceis em questão de pureza e virgindade. Essas duas virtudes não andam muito em alta pelo mundo afora; mas o Espírito Santo sempre sabe colher os lírios de Deus nos pântanos dos homens... Eu estou convencido, querida Santa Inês, de que o segredo para se manter imune às misérias do mundo, sejam de qual ordem forem, é um só: o amor pessoal a Jesus Cristo. Não creio que haja outro caminho. Sim, a oração, a renúncia, a decisão, os propósitos são indispensáveis, mas são meios, não fim; o fim só pode ser a pessoa de Jesus. Os meios só servem, digamos, para cercar o coração com uma coroa de espinhos, para defendê-lo de eventuais invasores. Entretanto, só Jesus tem o poder de nos conservar acima da lama da miséria humana, como você nos ensinou, Santa Inês, com sua vida e com sua morte.

Querida Santa Inês, há mais em sua pequena vida: a coragem do martírio! Em tempos idos, o Papa Pio XII disse que, para ser cristão autêntico, era preciso ter a coragem dos mártires. Imagine o que diria hoje, quando nossos tempos parecem impregnados de imoralidade sexual, que é bombardeada em nossos ouvidos e empurrada olhos adentro pelos meios de comunicação social, defendida e alardeada por pessoas que não veem nada de mal em se "divertir" com a profanação do próprio corpo e o corpo dos outros.

Termino aqui, querida Santa Inês. Lembre-se da gente. Peça para todos nós um grande amor a Jesus Cristo, que conservemos nosso coração puro e tenhamos a coragem de praticar o Evangelho, sempre e em qualquer parte.

Ass: ....

Meu caro São Domingos Sávio,

Grande é minha alegria ao lhe escrever esta cartinha. Sei que estou escrevendo a um Santo jovem, tão jovem que não chegou a completar 15 anos, mas, ao mesmo tempo, um grande Santo, pois a santidade não se mede pela idade, não é? Sem dúvida, Deus, desde sua infância, colocou os olhos sobre você e derramou em seu coração a abundância do Espírito Santo. Quando completou seis anos de idade, por um privilégio muito grande para aqueles tempos, você fez a primeira comunhão. Naquele dia, escreveu alguns propósitos, entre outros: "Meus amigos serão Jesus e Maria" e "Antes morrer que pecar". Tenho certeza de que você voou para o céu sem jamais ter cometido um pecado.

Como negar que Deus o amou com amor de predileção e quis que você se constituísse exemplo para seus colegas da mesma idade? Eu ouvi alguém que, ao saber de seu propósito de preferir a morte ao pecado, fez dele motivo de piada. No entanto, pensando bem, oxalá todos os nossos jovens, aliás, todos nós, tivessem a coragem de tomar esse mesmo propósito. Hoje, você sabe, nosso mundo está perdendo o sentido do pecado, porque está perdendo o sentido de Deus. O que é pecado, hoje? Cometem-se pecados descaradamente, como quem toma um copo com água. Não que devamos sobrecarregar as consciências com temores equivocados, mas formar a própria consciência, procurar mantê-la pura de qualquer mancha, isso não é ser atrasado, conservador, é ser santo. Penso que foi para isso que Deus elevou você a uma grande santidade de vida, e a Igreja colocou-o sobre os altares para servir de exemplo.

Querido São Domingos Sávio, quando você foi acolhido pelo santo educador de jovens, Dom Bosco – São João Bosco –, logo aprendeu que a santidade não era difícil; ela consistia em três coisas: cumprir os próprios deveres, ajudar os outros e viver alegre. Sempre recordo as palavras que você disse a um colega novato: "Aqui nós fazemos consistir a santidade em estarmos sempre alegres". Que conselho! À primeira vista parece fácil e até divertido, mas a gente sabe que, para estar sempre alegre, é preciso ter a consciência em paz, livre de qualquer ofensa a Deus, cumprir bem as próprias obrigações: se é hora de estudar, estudar; de trabalhar, trabalhar; de rezar, rezar; de brincar, brincar... e assim por diante. Não foi isso que você fez?

Quer dizer que a santidade não é um bicho de sete cabeças. Pois bem, é essa proposta de santidade que a juventude de hoje precisa compreender, acolher e tentar viver. E há jovens que se empenham realmente em buscar a santidade. Só para citar um com sua mesma idade: o Beato Carlos Acutis, italiano, gênio da informática, um rapaz bem moderno, grande amante da Eucaristia e de Nossa Senhora. Para você também, querido Domingos, a Eucaristia e Nossa Senhora foram as colunas que sustentaram todo o trabalho de sua santificação, não foi?

Querido São Domingos Sávio, você, que foi fiel aos propósitos de sua primeira comunhão, que teve em Jesus e Maria seus melhores amigos, que procurou viver sem a mínima mancha de pecado, proteja e defenda seus colegas adolescentes e jovens, ajude-os a percorrer o caminho da santidade, na autêntica alegria. Lembre-se de que você foi posto por Deus sobre os altares da Igreja precisamente para servir de exemplo aos jovens. Morrer Santo, aos 15 anos, que maravilha e que exemplo!

Ass: ....

Querida Santa Mônica,

Quem poderia imaginar que um dia eu iria escrever uma carta à mãe santa de Santo Agostinho, grande convertido e grande Doutor da Igreja? Como você é uma pessoa tão simples, tão ao alcance da mão, não tive dúvidas. Pensei comigo: vou conversar com Santa Mônica, sim. E aqui estou eu com minha mensagem, breve, mas sincera.

Querida Santa Mônica, confesso que o que mais admiro em você são suas lágrimas. Quando uma mãe chora por causa dos filhos, as lágrimas são mais preciosas do que o mundo inteiro diante de Deus. E como você chorou! Quanto chorou! Foram 20 anos de preces e lágrimas para que seu filho, Agostinho, perdido em meio às confusões das ideias do tempo, se convertesse, recebesse o batismo e se tornasse cristão. Você, com sua perseverança, conseguiu arrancar de Deus essa graça. Aliás, graça superabundante porque seu filho se tornou o grande Santo Agostinho, cuja santidade e sabedoria, ainda hoje, continuam a iluminar a Igreja inteira. O poder das lágrimas de uma mãe!

Hoje, querida Santa Mônica, o que há de mães chorando os próprios filhos é um verdadeiro mar de lágrimas... Mães que choram filhos que morreram; filhos doentes; filhos desaparecidos; filhos assassinados; filhos drogados, envolvidos em gangues, perdidos nas ruas das grandes cidades; filhos que as ofendem e maltratam, que não as visitam, que as desprezam... enfim, mães que choram filhos, porque eles se esqueceram de que são filhos, porque se esqueceram do Quarto Mandamento: "Honrar pai e mãe".

Depois de seus 20 anos de preces e lágrimas, teve a consolação de ver seu filho no bom caminho. Eu acredito que, no céu, você não parou de rezar pelas mães que choram pelos próprios filhos. Pois é isto que eu quero lhe pedir com esta cartinha: lembre-se de nossas mamães, não só das que choram seus filhos, seja lá por qual motivo for, mas também de todas as mães, em primeiro lugar para que aprendam a ser mães, reconhecendo nessa sublime missão a participação na obra criadora de Deus, recordando que não basta pôr filhos no mundo, é preciso criá-los, educá-los, encaminhá-los para Deus, pois eles são de Deus, que os empresta por um tempo às mães da terra.

Querida Santa Mônica, ensine também a nossas mamães que não basta pedir alguma vez; é preciso perseverar em pedir, insistir, bater à porta do coração de Deus, alimentar a confiança, acreditar. Imagine se você tivesse perdido a coragem de rezar e chorar depois de algum tempo, mesmo depois de alguns anos? Não, porém: você perseverou até conseguir o grande dom que implorava do céu. Ensine essa lição a nossas mamães, Santa Mônica.

Tenho um último pedido a fazer. Querida Santa Mônica, ensine-nos a chorar, sim, a chorar nossos pecados, nosso distanciamento de Deus, nossa indiferença, nosso pouco empenho na vida espiritual; ensine-nos a chorar pelos irmãos e pelas irmãs que não choram, porque vivem como se Deus não existisse; ensine-nos a chorar implorando a misericórdia de Deus para os males do nosso tempo, males que não flutuam no ar, mas estão encarnados nas pessoas que os vivem e promovem. Sim, precisamos de lágrimas, e você pode ajudar-nos, querida Santa das Lágrimas.

Eis tudo o que eu lhe queria dizer e pedir.

Ass: ....

Olá, corajoso São Jorge,

Hoje, decidi incomodá-lo com minha mensagem, querido santo soldado e mártir de Jesus Cristo. Não sei a razão, mas em minha cabeça martela continuamente a ideia de que estamos precisando de sua valentia de soldado e de sua coragem de mártir de Jesus Cristo. De fato, a vida cristã é uma milícia, uma luta, nela há muitas batalhas... e a gente, se quiser ser autêntico seguidor de Jesus Cristo, necessita de determinação e fortaleza.

Realmente, na Igreja há muita gente que se diz cristã, – sou católico, mas não pratico! – que, no entanto, não parece estar do lado de Jesus Cristo e, se estiver teoricamente, não caminha com Ele, menos ainda luta por Ele. A fé se dissolveu na água doce de um cristianismo vazio, quando muito feito de alguma devoção, senão até de alguma superstição. Não que todos sejam assim; pelo contrário, na Igreja temos autênticos Santos e Santas que seguem seu exemplo de intrepidez, querido São Jorge, que reconhecem que há um único Senhor a quem se deve servir e que esse serviço muitas vezes consiste em uma empenhada batalha, até mesmo em uma guerra.

Agora, São Jorge, olhando para sua imagem tradicional de soldado guerreiro, montado num soberbo cavalo, matando com uma lança o dragão, que, segundo a lenda, infernava a vida de uma cidade, faz-me vir à mente que o mundo de hoje está cheio de "dragões" e que é você o Santo apropriado para nos ajudar a vencê-los. Quais seriam esses dragões? Em primeiro lugar, o dragão infernal, Satanás, que alguns, mesmo católicos, teimam em negar, mas que existe, trabalha, luta para arrancar das mãos de Jesus Cristo aqueles que Ele salvou derramando seu sangue.

Além do dragão do inferno, existem muitos outros, suscitados e enviados por ele a perturbar o mundo, em particular a Igreja de Deus. A quantidade de "dragões" que hoje nos atormentam é enorme: o dragão do amor ao dinheiro, da sensualidade, do orgulho, da vaidade; o dragão do consumismo, do bem-estar, do desprezo pelos pobres; o dragão da desunião, das rivalidades, das polarizações... e muitos outros. A ladainha draconiana é longa, quase impossível de recitá-la por completo.

Pois bem, querido São Jorge, soldado e mártir valente, defenda-nos; ajude-nos a estarmos de olhos abertos, para não nos deixarmos enganar por esses dragões modernos e, ao mesmo tempo, tão antigos; a não sermos dominados por eles; a sermos decididos e corajosos em combatê-los, confiando em sua proteção e na força de Deus. Que nossa devoção a você, São Jorge, não se desvie pelos caminhos da superstição, mas que seja autêntica, sincera, inspiradora de coragem, decisão e empenho, em favor do Reino de Deus. Afinal, você é soldado valente a serviço do grande Rei, Jesus Cristo.

Paro por aqui, mas sei que você não para, continua a lutar, a dar testemunho de Jesus e não deixará de rezar por mim e por todos nós, para que reforcemos nossa fé, nossa coragem, nosso testemunho; assim, seguindo Jesus, lutando por Ele, também nós, como você, vençamos todo tipo de dragões que nos querem arrancar das mãos de Jesus Cristo, nosso Salvador.

Ass: ....

Querida Santa Teresa d'Ávila,

Que honra e, ao mesmo tempo, que alegria poder conversar com você. Se você soubesse quantas vezes eu li sua vida... Que grande mulher você foi e continua a ser! Que mulher de bom senso, de equilíbrio, de determinação e coragem, que mulher alegre e que discípula amante de Jesus! Sem dúvida, você está entre as grandes Santas da Igreja. Não sem motivo o imperador Felipe II, sorrindo, com certa ironia, afirmava que você era "o único homem" da Espanha, tal sua firmeza no enfrentar a vida e sua capacidade criadora de iniciativas para reformar a Ordem do Carmelo, tanto feminina, quanto masculina. Pois é, Santa Teresa, deixe-me dizer por que a admiro tanto.

A mim até parece que Deus, sumamente livre em todas as suas decisões, resolveu cumular você de quantidade imensa de dons, dos mais naturais aos mais sublimes. Desde sua infância, você foi líder entre seus irmãos; chegou a fugir de casa com seu irmão Rodrigo para ir em busca do martírio; você encantava todo mundo com sua elegância, desenvoltura e alegria; devagarinho, Deus a levou a bater à porta do convento das Carmelitas. Foi ali que você, a elegante e disputada Teresa de Ahumada y Cepeda, haveria de se tornar Santa Teresa d'Ávila. Foi ali que você compreendeu e expressou em palavras que valem ouro a grande verdade: "Tudo é nada. Deus é tudo".

A leitura de sua vida é encantadora; há nela alguns aspectos que me deixam realmente encantado. O primeiro deles é sua própria pessoa, dotada por Deus de tal visão e capacidade que pode ser comparada a um "furacão": por onde passava a Teresa, tudo estremecia, não havia quem pudesse se opor, tal a determinação que a levava a conseguir o que planejava, apesar de todo tipo de vento em contrário. Na verdade, só uma mulher assim estava capacitada para derrubar os muros do tempo, levantar o estandarte de Jesus Cristo e reformar o Carmelo, contra tudo e contra todos. Enfim, uma mulher guerreira, lutadora... e vencedora!

Tudo isso é verdade, mas é mais verdade ainda que você se entregou totalmente a Jesus: afinal, você assumiu o nome de Teresa de Jesus! Em contrapartida, Jesus se entregou totalmente a você: não foi Ele mesmo que disse que, se você era Teresa de Jesus, Ele era Jesus de Teresa? Que intimidade! Não foi Ele que lhe pôs uma aliança no dedo a significar um matrimônio espiritual, místico? Não foi Jesus que, vendo você em um momento de cansaço e desalento, chegou a lhe partir o pão em bocados e colocá-los em sua boca? Não foi Jesus que, com frequência, falava com você como amiga, dava-lhe ordens, esclarecia dúvidas, elevava a êxtases que a inundavam de delícias divinas? Sim, Teresa d'Ávila, toda de Jesus, e Jesus, todo de Teresa.

No entanto, no dia a dia, você se mantinha uma mulher com os pés no chão, concreta, de contínuo bom humor, alegre, animada, dotada de admirável bom senso, querendo e fazendo tudo com medida, em meio à maior simplicidade, com um coração grande, a ponto de saber compreender as limitações e as fraquezas das pessoas que a rodeavam. Que Santa simpática! Ao mesmo tempo, uma Santa com uma capacidade impressionante de visão das pessoas e das coisas. Seu olhar aconchegante de mãe, sua inteligência penetrante, sua vontade férrea, seu temperamento exuberante, enfim, sua personalidade humana e santa foram o meio que Deus usou para iluminar seu tempo, derrubar uma série de obstáculos, apontar o caminho de reforma da vida de quem quer seguir a Jesus Cristo e de reforma também à Igreja de Cristo. Quantas lições você nos deixou, Santa Teresa!

Para terminar, eu gostaria que você pedisse por mim a Jesus um pouco daquele amor ardente que você lhe dedicou; que despertasse em meu coração e em minha mente aquela "decisão", a respeito da qual você dizia que muitas vezes uma "pequena decisão" na vida é a forma como a graça de Deus se enraíza em nós; que você transfundisse em mim seu bom senso, seu equilíbrio, sua desenvoltura, sua alegria, seu sorriso, coisas que tornam a vida sadia e bela. Você, como pessoa humana, como religiosa, como Santa, é uma síntese belíssima do Reino de Deus, tal como foi anunciado por Jesus no Evangelho.

E aqui me despeço, não sem antes fazer minhas as suas famosas palavras: "Nada te perturbe. – Nada te assuste. – Tudo passa. – Deus não muda. – A paciência tudo alcança. – A quem Deus tem – Nada lhe falta – Só Deus basta".

Assim seja!

Ass: ....

Caríssimo São José de Anchieta,

Estive pensando em você, querido Apóstolo do Brasil, e, por meio desta cartinha, gostaria de lhe dizer o que mais admiro em sua vida. Como eu poderia defini-lo, senão dizendo que você é eminentemente missionário, missionário por excelência? Isso mesmo!

Não é admirável que você, feito religioso Jesuíta, ainda muito jovem, tenha vindo para o Brasil para ser missionário? Só isso. Você não teve em mente explorar nossa terra, realizar aventuras, comercializar produtos, buscar ouro e pedras preciosas... como tantos dos que arribaram por estas bandas. Em sua mente e em seu coração, você só tinha dois grandes objetivos: servir Jesus Cristo e sua Igreja e dedicar-se a evangelizar os indígenas. Estes foram seus grandes ideais! A gente sabe que toda a sua vida foi coerente com esses ideais. Não por nada você foi declarado "Apóstolo do Brasil"!

Autêntico religioso e missionário, membro da Companhia de Jesus, nunca deixou de ser companheiro de Jesus... Ele, por sua vez, foi o companheiro de suas aventuras evangélicas pelo Brasil afora, sempre comprometido em fazer conhecer, amar e seguir Jesus Cristo. Quem poderia contar as viagens que você fez? A pé, atravessando florestas e sertões, de Norte a Sul, de Leste a Oeste desse imenso país; de canoa pelos rios ou de barco pelo mar; desfraldando o estandarte de Jesus Cristo, testemunhando com suas palavras e com sua vida sacrificada que "em nenhum outro há salvação, pois não existe debaixo do céu outro nome, dado à humanidade, pelo qual devamos ser salvos" (At 4,12).

Sim, isto é o que me impressiona em sua vida: tudo para Jesus Cristo, tudo para difundir seu Reino. Você não foi missionário em certas horas, por certo tempo; não, você foi missionário a tempo pleno. Suas energias e capacidades não se "dispersaram" entre interesses diversos: autêntico Jesuíta, você serviu unicamente a Jesus.

Depois de Jesus Cristo, querido São José de Anchieta, seu grande ideal foram os indígenas. Em seu amor pelos índios, você não mediu esforços para aprender o tupi-guarani. Nessa língua, você escreveu uma gramática, o catecismo, peças de teatro... sempre tendo em mente abrir caminhos para o Evangelho. Seu esforço para se identificar com a cultura dos índios é para nós, hoje, um incentivo a evangelizar, a começar pela aproximação das pessoas, pelo conhecimento de sua língua e de sua cultura, pelo amor que penetra lentamente nos corações para transformá-los.

Na verdade, você é modelo para todos os missionários. Modelo também por suas atitudes firmes em defender os índios contra a exploração que deles faziam muitos colonizadores. Se você vivesse hoje, querido Santo, tenho certeza de que choraria ao olhar para o mapa de nossa terra e notar como multidões de índios foram dizimadas pela cobiça de exploradores sem escrúpulos ou de imigrantes que os consideravam animais a serem caçados sem piedade. Dos milhões de índios que eram em seu tempo, quantos restam atualmente? Ainda hoje, você sabe, índios necessitam de respeito, de proteção, de incentivo, para conservar a própria cultura e, dessa forma, descobrir aos poucos o caminho do Evangelho. Você, Santo Apóstolo do Brasil, proteja nossas populações indígenas, ilumine os missionários e todos os que entram em contato com elas.

Não posso deixar de lhe dizer também, querido Santo Anchieta, que admiro seu grande amor à Virgem Maria. A Ela você dedicou um longo poema no qual canta as glórias de Maria e invoca sua proteção. Nem poderia ser diferente em quem se professava ser membro da Companhia de Jesus. Seu amor a Maria, sua devoção, sua confiança na Mãe de Deus são para mim um estímulo a olhar para Ela como a Estrela da Manhã, que irradia a luz de seu Filho Jesus. Tenho certeza de que você encontrou em Nossa Senhora a força para manter-se fiel a Jesus Cristo e o conforto nos momentos difíceis de seu apostolado missionário.

Querido São José de Anchieta, continue a ser o Apóstolo do Brasil, infundindo em nós seu espírito missionário, seu amor ao anúncio do Evangelho, no respeito das culturas dos irmãos e das irmãs indígenas e de todas as pessoas a quem procurarmos levar o Evangelho de Jesus.

Ass: ....

Querida Santa Teresa de Calcutá,

Permita que, com esta minha mensagem, eu lhe diga o quanto você é importante para a Igreja e para cada discípulo ou discípula de Jesus. Eu sei que sua modéstia, sua humildade, que, por coincidência, parecia traduzir-se em sua pequena estatura e em sua simplicidade, sempre de mãos postas, o terço enrolado nos dedos, não lhe permitem concordar comigo, mas o consenso neste ponto é de todos os que seguem Jesus Cristo. Sem desvalorizar as outras Santas do paraíso, você é uma das que mais de perto seguiu Jesus Cristo, tanto no amor pessoal a Ele, quanto no amor aos pobres, em quem Jesus está presente. Quem não se deu conta disso também não pode dizer que conhece realmente a Santa Madre Teresa.

Mais ainda do que seu amor aos pobres, tão verdadeiro e concreto, penso que seu amor à pessoa de Jesus Cristo foi o sol que iluminou e aqueceu sua vida de cristã e de religiosa consagrada. Quem leu suas cartas, quem ouviu suas palestras, quem leu suas entrevistas percebe nitidamente que Jesus ocupa por inteiro todo o espaço de seu coração. O mais admirável é que você foi sempre fiel a Jesus Cristo, apesar de, por longos anos, sofrer de aridez espiritual, a ponto de ter a impressão de que Jesus não lhe dava a mínima atenção e de se questionar se de fato tinha fé, não foi?

Por isso, querida Madre Teresa, você é uma lição viva para a espiritualidade cristã, particularmente neste nosso tempo, quando há uma difusa busca de emoções religiosas, milagres e visões, o que mostra o quanto a fé autêntica se diluiu e desviou do reto caminho e quão pouco floresceu em autêntica espiritualidade. Sim, Santa Madre Teresa, precisamos de seu exemplo, de seu testemunho, de suas palavras, de sua fé rígida e forte, na certeza de que somente esta nos pode levar ao real seguimento de Jesus Cristo.

A maior prova de sua fé, querida Santa Teresa, é seu amor extremado aos pobres, aos mais pobres dentre os pobres. Exemplo luminoso que nos envergonha, dada nossa acomodação diante dos milhões de marginalizados que passam fome, que não podem ter uma vida digna. Isso estamos cansados de saber, mas, na hora de tomarmos alguma decisão e atitude, acabamos por encontrarmos abundantes "motivações", que não passam de pretextos, de nossa falta de compromisso e de prova concreta de nosso amor a Jesus Cristo.

Por fim, deixe-me dizer ainda uma coisa que muito me impressiona: seu amor ardente à Sagrada Eucaristia. Só Deus sabe contar as horas que você passou em adoração diante do Santíssimo Sacramento, os segredos que você referiu a Jesus Eucarístico, o fervor com que você recebeu a Sagrada Comunhão. A Eucaristia foi realmente o sol de sua vida, a força de sua caminhada na fé e na doação aos mais necessitados. Oxalá aprendamos de você esta sublime lição: sem Eucaristia, o mundo é um deserto, um cemitério; sem Eucaristia, a vida cristã está totalmente vazia; sem Eucaristia, definhamos rumo à morte.

Era isso que eu queria dizer, querida Santa Teresa de Calcutá. Peço-lhe encarecidamente: rogue por mim, por todos nós; alcance-nos de Deus aquela sua fé ardente, que nenhuma aridez conseguiu apagar; seu amor aos pobres; seu amor ardoroso a Jesus Cristo; sua coragem nas adversidades e sua determinação de dar testemunho de Deus perante grandes e pequenos.

Ass: ....

Caro São Francisco de Sales,

Nós nos conhecemos há muitos anos, por isso tomo a liberdade de escrever-lhe com simplicidade familiar, embora você seja um grande bispo, inclusive Doutor da Igreja. Toda essa grandeza não assusta, porque sua pessoa, particularmente seu coração, encanta.

Penso muito em você, por uma razão simples: dizem que você foi um dos Santos que copiou de forma mais perfeita a mansidão do Coração de Jesus Cristo. Sim, você é o Santo da mansidão. Você comparava a mansidão de coração com o mel e dizia, sorrindo: "Apanham-se mais moscas com uma gota de mel do que com um barril de vinagre". É verdade! Sua doçura continua a conquistar as pessoas ainda hoje, vários séculos depois de sua morte.

Mas eu sei, querido São Francisco de Sales, que o mel de sua doçura não ficou barato... Você mesmo confessou que tinha temperamento forte e que demorou mais de vinte e dois anos para se dominar. Que luta diária deve ter sido! Por outro lado, o bem que você fez com seus modos gentis, bondosos, compreensivos ainda hoje é decantado por todos os que o conhecem e, certamente, encheu muitas páginas do Livro da Vida de Deus.

Como precisamos, hoje, de seu exemplo, querido Santo! Vivemos tempos de má educação, de grosseria, de falta de atenção e de respeito... Parece que há muitos pais que não sabem ou não querem educar os próprios filhos, que acabam crescendo do jeito que gostam, isto é, de qualquer jeito. Que culpa têm eles, se os pais não lhes ensinam o mínimo indispensável para ter uma convivência amorosa, familiar, respeitosa. Quando esses filhos crescem, engrossam uma sociedade, que, em parte, já é grosseira, e muitas vezes se perdem no mar das drogas, da violência e de outras desordens. Então os pais choram..., mas são lágrimas que chegam tarde demais, não é assim?

Sim, é assim mesmo! Você dizia, querido São Francisco, que a gentileza, a "civilidade", segundo a expressão de seu tempo, é a fina flor da caridade! De fato, podemos fazer caridade com cara fechada, com raiva até, mas a gentileza, a mansidão, o bom trato conquistam os corações. A calma, a paciência, a longanimidade, a mansidão dominam qualquer violência; passada a irritação, quando as fichas começam a cair na consciência e a pessoa se dá conta do quanto errou, ele fecha atrás de si a porta do quarto e diz a si mesma: "Como fui estúpido agindo daquela maneira!"

Gosto de recordar, querido São Francisco de Sales, seu trabalho de bispo de Genebra, cidade onde você não pôde residir por causa da oposição dos calvinistas, devendo fixar sua casa em Annecy. Apesar disso, você não desistiu de tentar dialogar com eles: dialogou pregando, conversando, escrevendo, o que lhe fez merecer ser declarado "Patrono dos Jornalistas".

Que lição para todos nós, hoje! Que tempos difíceis os nossos: parece que é impossível o entendimento; todos falam, todos gritam, ninguém ouve; se dois conversam, um não se preocupa em compreender o que ouve, mas já tem a resposta pronta na ponta da língua, contanto que predomine o próprio modo de pensar. Sim, querido São Francisco, precisamos muito de seu exemplo; precisamos muito do "mel" de sua doçura, o único dissolvente que desfaz os muros que levantamos contra os outros.

Há ainda outro ponto que admiro em você, querido Santo de Annecy: você foi um grande orientador espiritual. Quanta gente se valeu de sua sabedoria, de sua experiência do Evangelho para crescer espiritualmente! Você insistia, com muita clareza e firmeza, que a santidade é como o líquido, que sempre se adapta ao recipiente onde está. Da mesma forma, todas as pessoas podem e devem procurar ser santas: o leigo, a leiga, o padre, o religioso, a religiosa, o bispo, o papa; quem casou, quem viuvou, quem governa, quem é militar, que se dedica à arte... e por aí afora. O Espírito Santo não está reservado para religiosos e padres: Ele age em todos!

Essa sua insistência, querido Santo, como faz bem a nosso tempo, quando, em meio a tantos problemas, há também grande número de cristãos que buscam seriamente a santidade. Muito obrigado por essa sua doutrina que, na verdade, não era tão clara em séculos anteriores.

E fico por aqui. Tenho certeza de que você, em sua bondade de coração, irá ajudar-me a não "azedar" a vida alheia com o vinagre de minha irritação, mas a "adoçá-la" com o mel da mansidão.

Ass: ....

Querida Santa Marta,

Você, que, com sua irmã Maria e seu irmão Lázaro, acolheu tantas vezes Jesus em sua casa, tenho certeza de que não deixará de acolher a mim também que bato à sua porta com esta breve mensagem. Sim, porque resolvi enviar-lhe algumas ideias que despontam na minha cabeça, sempre que leio ou me lembro das vezes em que os Evangelhos falam de você.

Para começar, por que você é conhecida como Santa Marta, e seu irmão como São Lázaro, ao passo que ninguém se refere à sua irmã como Santa Maria? Não merece ser Santa também ela que se distinguiu por ficar ouvindo as palavras de Jesus? Seja como for, eu penso que em sua casa de Betânia, onde Jesus era como um "parente", todos eram Santos de altar. É mais do que justo. Em todo caso, hoje, eu quero conversar especialmente com você, querida Santa Marta, porque seu serviço prestado a Jesus e aos seus familiares é muito inspirador.

O Evangelho diz que, em uma das visitas de Jesus, enquanto Maria ouvia, sentada, as palavras do Mestre, você preparava a refeição, não parava, andando de cá para lá, a fim de que não faltasse nada. Jesus ficou olhando e lhe disse: "Marta, Marta! Tu andas preocupada e agitada por muitas coisas. No entanto, uma só coisa é necessária. Maria escolheu a melhor parte, e esta não lhe será tirada" (Lc 10,41-42).

Essas palavras de Jesus o que será que suscitaram em seu coração? Afinal, além de ouvir a palavra de Deus, é preciso também comer! Eu penso que Jesus não quis condenar seu serviço caseiro, que sem dúvida Ele apreciava, pois não foram poucas as vezes que se hospedou em sua casa. Por outro lado, naquela "uma só coisa" parece ecoar outra palavra de Jesus, quando disse: "Não só de pão vive o homem, mas de toda palavra que sai da boca de Deus" (Mt 4,4). Seja como for, querida Santa Marta, em sua casa não faltava nenhum tipo de pão: nem o pão, que alimenta o corpo, nem o pão da Palavra, que alimenta a alma; menos ainda quando estava presente o próprio Jesus, criador do pão e palavra viva do Pai!

Pão e palavra: eis duas realidades de que todos nós precisamos; mas essas duas palavras também podem ser expressas de outra forma: *serviço e palavra*. A Palavra de Deus alimenta nossa fé e a esperança; o serviço alimenta a caridade. Há uma terceira palavra que não está explicitada, mas que está incluída no termo "palavra": é a oração. A oração é resposta à palavra e desperta para o serviço. *Pão, palavra, oração*: três realidades que faziam da casa de Betânia o lugar de acolhida e descanso de Jesus e que, ainda hoje, continuam a preparar idêntico lugar de acolhida e descanso para todos os que se propõem viver o Evangelho. Veja que papel importante você desempenha entre nós, querida Santa Marta: você nos ensina que a fé, sem a disponibilidade ao serviço, pode ser vazia, uma fé que não conta com a presença de Jesus.

Quando penso em você, Santa Marta, vejo todas aquelas mulheres que passam o dia em trabalhos domésticos, varrendo, limpando, cozinhando, arrumando, lavando roupas, pratos... Mulheres que fazem quilômetros de caminhada dentro de casa para atender ao necessário para o marido, para os filhos, para os pais, para os irmãos, para eventuais hóspedes... Nem sempre nos lembramos delas. Às vezes, nas grandes festas, quem se lembra de dar um pulo até a cozinha e agradecer a quem preparou refeição tão saborosa? Quem se lembra de agradecer aos que, no silêncio, prepararam todo o ambiente e aos que prestaram pequenos serviços, que ninguém nota, mas que são indispensáveis? Não é verdade? É que, infelizmente, a gratidão anda em baixa nos dias de hoje: muita gente não sabe mais dizer "muito obrigado".

Vou ficando por aqui, querida Santa Marta, não sem dizer que eu acredito que em você também havia uma "Maria", assim como em Maria havia certamente uma "Marta", do contrário Jesus não se sentiria tão bem na companhia de vocês duas e de Lázaro.

Para terminar, eu queria pedir-lhe um favor: você, que é tão cuidadosa para que nada falte, cuide de mim também, para que não me faltem *pão, palavra e oração*. E, se eu me distrair, chame minha atenção, com as mesmas palavras que Jesus lhe dirigiu: "Você está preocupado com coisas demais".

Ass: ....

Caro São Lucas,

Que honra a minha poder dizer uma palavra a você, autor do terceiro Evangelho e dos Atos dos Apóstolos. Você, que São Paulo garante que era médico, que escrevia em um grego tão elegante, que tem fama de ter pintado o rosto de Nossa Senhora, de modo especial, que em seu Evangelho "pintou" com cores tão vivas a figura de Maria e a infância de Jesus... que grande homem você foi e que grande Santo! Pois bem, aqui estou eu para mergulhar na luz de sua palavra, que, em última análise, é a luz do próprio Jesus.

Eu gostaria de conversar com você sobre muitas coisas, mas vou ficar somente com três pensamentos. Em primeiro lugar, quero lhe dizer que você é o Santo da alegria; não de uma alegria qualquer, menos ainda da falsa alegria, que se confunde com o prazer e o estardalhaço, mas da alegria típica do Evangelho. Uma alegria serena, profunda, ancorada na fé e na esperança; alegria messiânica, isto é, que o Messias haveria de propiciar a todos os que o acolhessem e acolhessem sua palavra. A leitura de seu Evangelho e dos Atos dos Apóstolos, querido São Lucas, transmite essa alegria, que tem como artífice o Espírito Santo. Onde há Espírito Santo há sempre alegria.

Olhando o mundo de hoje, a mim parece que está faltando muito essa alegria. Há muita gente carrancuda, muita raiva, muito ódio, muita reclamação, irritação, controvérsia, desunião, tristeza, muitas cabeças baixas, pensando no próprio egoísmo... enfim, falta a alegria do Evangelho. É um tipo de alegria que brota de corações simples, humildes, puros, mansos; de corações que acolheram a palavra de Jesus, vazios de tranqueiras com que o mundo gosta de enchê-los; pobres das coisas do mundo, mas ricos da presença de Deus. Oxalá, querido São Lucas, que, ao ler seu Evangelho e os Atos dos Apóstolos, a gente descubra a verdadeira fonte da alegria, o Espírito Santo. Essa é uma grande graça que você pode ajudar-nos a alcançar, não é?

Em segundo lugar, caro São Lucas, você pode ser chamado o Evangelista das mulheres. Parece que seu Evangelho exala um perfume tipicamente feminino ao realçar a presença de mulheres ao lado de Jesus. A começar da Mãe de Jesus, à qual você dedica especial carinho e atenção; mas também das outras mulheres que acompanhavam Jesus em suas peregrinações anunciando o Reino de Deus, sem esquecer que as encontramos no caminho do Calvário e no próprio Calvário, fazendo companhia à Mãe do Crucificado. Não foram elas que, depois, se preocuparam em ungir o corpo de Jesus? Não foi a Maria Madalena que Jesus confiou a mensagem da Ressurreição para ser levada aos apóstolos? Sim, o papel da mulher no Evangelho é muito maior e mais significativo do que a gente imagina. Essa é uma lição que ainda devemos aprender neste nosso mundo masculinizado, inclusive na Igreja.

Por fim, desejo ressaltar o fato de você ter sido médico, querido São Lucas. Tenho para mim que o médico se aproxima muito do sacerdote, ou seja, o exercício da medicina é uma espécie de sacerdócio, porque cuida do ser humano como um todo, sem omitir os médicos que cuidam especificamente do espírito do ser humano.

Há médicos e médicos, evidentemente... Mas eu gostaria, querido São Lucas, que você olhasse por nossos médicos, por todo o pessoal que se dedica a cuidar de nossa saúde, mais ainda em tempos difíceis, como nesta pandemia da Covid 19, pandemia que vitimou numerosos médicos e atendentes da saúde, que não recearam expor-se ao perigo de contágio e que até pereceram por causa dele. Lá do céu, querido Santo Médico, estenda sua proteção sobre todos os que lidam com nossa saúde, em qualquer tempo e lugar. E também derrame no coração deles umas gotas de nosso reconhecimento e de nossa gratidão por seu trabalho, como recomenda a Bíblia: "Honra o médico, porque ele é necessário; foi o Altíssimo quem o criou" (Eclo 38,1).

Olhe também por mim e por todos nós, querido São Lucas; olhe por todas as mulheres, em particular pelas que mais sofrem; ajude-nos a viver a alegria do Messias, Jesus. E muito obrigado por continuar a infundir em nosso coração a Palavra de Deus, por meio de seu Evangelho e dos Atos dos Apóstolos.

Ass: ....

Queridos Avós Sant'Ana e São Joaquim,

Hoje, venho bater à porta de sua casa, que é o céu, para saudá-los. Vocês foram escolhidos para serem os pais de Nossa Senhora. Que honra! E avós de Jesus! Maior honra ainda!

Por que venho eu incomodá-los com minhas conversas? Não porque eu queira pesquisar onde vocês nasceram, como foi que se conheceram e casaram, como foi o nascimento de Maria, como transcorreu sua vida. O que mais eu gostaria de dizer é que, sendo pais de Maria e avós de Jesus, de certo modo, vocês são também nossos avós.

Os avós costumam ser carinhosos, amorosos, cuidadosos; muitas vezes fazem a parte dos pais que não podem cuidar dos filhos. O fato é que os avós são parte importantíssima da família, aliás, fundamental, na constituição de uma família. Ignorar os avós é arrancar as raízes da própria vida.

Querida Sant'Ana e querido São Joaquim: vocês foram o elo entre as gerações dos antepassados de Maria e de Jesus; o que quer dizer que, na prática, nas pessoas de vocês, concentrou-se todo o passado da história de Israel, desde a raiz mais primitiva, que foi Abraão com sua esposa, Sara. Nos Evangelhos de São Mateus e São Lucas, a gente pode ler toda a genealogia de Jesus: no primeiro, a partir de Abraão; no segundo, em caminho inverso, até Adão. Vocês são a síntese de todo esse passado que Deus, providentemente, foi conduzindo de modo a florescer no nascimento de Maria e depois no de Jesus. Não é isso maravilhoso?

Vocês, querida Sant'Ana e querido São Joaquim, foram as pessoas sobre as quais Deus colocou seu olhar amoroso e destinou a serem quem haveria de trazer ao mundo a Estrela da Manhã e a Luz do Mundo. É por isso que nós lhes queremos bem, que nós os veneramos, que os invocamos. A gente acredita que o céu é Deus, que em Deus estão todos os Santos e todas as Santas, que Deus está em toda parte; por isso, cremos que vocês, nossos queridos avós, estão aqui, pertinho de nós, sempre atentos, sorridentes, amorosos, cuidando de nós, como os avós sabem fazer com seus netinhos.

Como seria importante que todos olhassem para vocês e aprendessem a lição de valorizar os avós, de respeitá-los, de amá-los, de ajudá-los, quando na velhice. Em nosso mundo de hoje é frequente encontrar, sobretudo, jovens, que desprezam o passado: tudo o que é velho não presta... Décadas atrás, não se cantava pelo Brasil afora: "Não confie em ninguém com mais de trinta anos"?... Esses jovens se esquecem de que não existiriam, se seus avós não tivessem existido. Por isso, os avós merecem toda a gratidão. Hoje, infelizmente, para muitos, gratidão é coisa do passado. Ora, não é o que pensa Jesus. Quando curou dez leprosos e só um voltou para agradecer, Ele perguntou: "Não foram dez os curados? E os outros nove, onde estão"? (Lc 17,17).

Nosso Papa Francisco repete com frequência essa recomendação de valorizar os avós: conversar com eles, perguntar sobre o passado, aprender deles lições de experiência, de sabedoria, não ignorá-los, não desconhecê-los, não abandoná-los. Imaginem, querida Sant'Ana e querido São Joaquim, se tivessem feito isso com vocês? Onde teria ficado todo o passado da história de Israel, tudo o que Deus fez ao escolher o povo hebreu entre tantos outros povos, tudo o que Ele fez para educar seu povo escolhido, com paciência, longanimidade, com misericórdia?

Sim, Deus estava no comando da história; Ele a conduziu devagarinho, firmemente, até florescer no jardim da Providência a pequena Maria e, desta, despontar o Sol Jesus. Não é por nada que toda a história de Israel, narrada pela Bíblia, deve ser lida, tanto para trás, quanto para frente, tomando Jesus como Sol que ilumina todo o passado, o presente e o futuro. Vocês, querida Sant'Ana e querido São Joaquim, com São João Batista e São José, foram constituídos o divisor entre o Antigo e o Novo Testamento. Que missão admirável!

Queridos Avós, era isso que eu queria dizer-lhes; espero que tenham paciência comigo e me ajudem a caminhar sempre ao brilho da Estrela de Manhã, sua filha, Maria, e à Luz do Sol de Justiça, seu neto, Jesus Cristo.

Ass: ....

Caríssimo São José,

Com grande simplicidade e o coração cheio de gratidão, venho falar com você, Santo Esposo de Maria e Pai adotivo de Jesus. Desde menino, eu tenho sido sempre seu devoto; não dá para contar as vezes em que recorri à sua ajuda e proteção: sem dúvida, centenas, para não dizer milhares. Jamais me senti decepcionado. Por isso quero dizer-lhe minha gratidão imensa, profunda, sincera por tudo o que você fez por mim.

Quanta coisa eu teria para lhe dizer, querido São José. Mas hoje eu quero me limitar a pôr em relevo três aspectos que fazem de você um Santo fora de série. Em primeiro lugar, o que mais admiro em você é o silêncio. Seu silêncio é um manto que encobre toda a sua vida e mais ainda sua morte: você parte deste mundo na ponta dos pés, sem dizer nada, deixando todo o espaço para Maria e Jesus. Seu silêncio, querido São José, encobre sua disposição consciente de fazer tudo o que o céu mandar, sem discutir, simplesmente obedecendo.

Querido São José, em silêncio, você assume Maria, já grávida por ação do Espírito Santo, como sua Esposa; em silêncio, você a acompanha até Belém e a abriga na gruta onde nasce Jesus; em silêncio, você foge com Maria e Jesus para o Egito; em silêncio, depois, você retorna e se estabelece em Nazaré; em silêncio, você acompanha Maria ao templo para apresentar Jesus ao Pai; em silêncio, você faz sua peregrinação a Jerusalém, quando Jesus completa 12 anos; em silêncio, volta a Jerusalém para procurar Jesus; em silêncio, você trabalha na sua oficina de Nazaré... Em todos esses momentos, quem ouviu sua voz? Ninguém! Só silêncio e obediência!

Seu silêncio, São José, como fala alto para nossos tempos de barulho e estardalhaço! Não há mais silêncio entre nós; nem fora, nem dentro de nós. Os ouvidos, os olhos, a mente, o coração estão sempre repletos de sons e de imagens que dificultam um momento de silêncio exterior e também interior. Nossa cabeça, nossa fantasia, nossa mente, nosso coração rodopiam seguidamente, como envolvidos em um turbilhão. Como fazer silêncio? Como refletir? Como meditar? Quem é capaz de ficar sozinho, no próprio quarto, sentado, durante dez ou mais minutos, em silêncio, refletindo, comunicando-se com Deus, cortando por breve tempo a comunicação com os homens e com o mundo? Hoje, o celular se transformou em um ídolo: vai em nosso bolso, acompanha-nos por toda parte, é usado à mesa, na hora das refeições e, às vezes, até na igreja... E recomendar silêncio é quase uma ofensa. Venha em nossa ajuda, querido São José! Ensine-nos que fazer silêncio também é uma forma de comunicação com Deus e com os homens, sim!

Outro aspecto que muito me impressiona em você, querido São José, é o trabalho. Trabalho de gente pobre, que precisa ganhar dia a dia o sustento para a própria família. Seu trabalho, porém, tem uma dimensão espetacular, única no mundo: você ensinou o Criador do mundo a trabalhar!... Aquele, que, com uma simples decisão da própria vontade, criou o universo das estrelas, das galáxias, dos planetas... agora frequenta sua escolinha e aprende a trabalhar. Com razão, o Papa Leão XIII, em um dos hinos litúrgicos dedicados a você, diz que Jesus, antes de ter as mãos manchadas de sangue, teve-as manchadas de suor, suor do trabalho que você ensinou a Ele. Não é maravilhoso, querido São José? Pois bem, essa foi parte de sua missão com relação ao Filho de Deus feito Homem, entregue a seus cuidados de Pai adotivo.

Por fim, querido São José, quem não admira sua função de Esposo de Maria, Pai adotivo de Jesus, chefe da Sagrada Família? Vida de família! Essa é a grande lição que você, com Maria e Jesus, dá ao mundo, particularmente hoje, quando a família, segundo planos meticulosamente orquestrados e divulgados com insistência pelos meios de comunicação social, sofre os maiores ataques da história, cuja palavra de ordem é: "Acabar com a família".

Olhando para Nazaré, referindo-se à sua família, querido São José, há quem pense que os Evangelhos nada dizem a respeito. Há quem pense que Jesus, dos 12 aos 30 anos, quando começou a pregar o Evangelho, nada fez de particular. Como nada fez? Seus 30 anos de vida de família e seus quase 20 anos de vida de trabalho não dizem nada? E a "dona de casa" Maria, Esposa e Mãe, nada fez? Entretanto, os fatos falam mais alto do que as palavras. O Salvador do mundo, antes de pregar e morrer na cruz, quis ensinar ao mundo que os seres humanos foram criados para viverem em família e se ocuparem com o trabalho: essa é a lição da Família de Nazaré, à cuja frente foi posto você, querido São José.

Vou ficando por aqui, na certeza de que conto com seu amor por mim e com sua proteção. Ensine-me o silêncio, São José; ensine-me a trabalhar, a ocupar o tempo em coisas úteis para o bem dos irmãos e das irmãs; ensine-me a viver vida de família, pois a vida de família terrena deve ser a imagem e, de certa forma, a antecipação da vida de família celestial e da Santíssima Trindade.

Querido São José, aceite meu coração agradecido por sua constante proteção!

Ass: ....

Minha querida Mãe Aparecida,

A este filho que vos ama voltai "vossos olhos misericordiosos" e acolhei as palavras que hoje vos dirijo. Escrever à própria Mãe, não é somente obrigação, é sobretudo fonte de alegria e uma bênção. Aqui, pois, estou eu, não em visita ao vosso Santuário, mas em visita ao céu, onde estais, a vossos pés, junto de vós, pedindo que escuteis o que vos quero dizer.

Vosso Santuário, solene e imenso, acolhe vossa pequenina imagem. Olhando para vossa imagem, penso nas lições que ela nos transmite. Vós vos chamais Nossa Senhora "Aparecida"; na realidade, porém, não "aparecestes"; vossa imagem é que foi "encontrada" no fundo do rio Paraíba. Não será isso um sinal de que é preciso mergulhar na profundidade da fé, se quisermos nos encontrar convosco? Realmente, sem fé verdadeira, não há encontro verdadeiro.

Vossa pequenina imagem, querida Mãe Aparecida, é feita de barro, matéria frágil, que muitos anos atrás foi jogada ao chão por um desequilibrado e feita em pedaços. Não será para nos recordar que também nós somos frágeis; que muitas vezes a vida pode despedaçar-nos? Que assim como vossa imagem foi reconstituída, também nós podemos reconstruir nossa vida?

Vossa imagem é tão pequenina que cabe em uma de nossas mãos. Não será para fazer-nos compreender as palavras de Jesus: "Se não vos tornardes pequenos como as crianças, não entrareis no Reino dos Céus" (Mt 18,3)?

Vossa imagem é de mulher grávida. Ela vos representa esperando o nascimento de vosso Filho Jesus. Não será para dizer-nos que vós sois realmente Mãe de todos nós? Que a maternidade é dom de Deus confiada por Ele à mulher? Que a vida deve ser respeitada desde o primeiro início até o fim?

Vossa imagem, querida Mãe Aparecida, é de mulher negra. Não será para que não esqueçamos que temos imensa dívida para com a África, de onde o Brasil arrancou milhões de escravos, cujas consequências ainda hoje vemos com nossos olhos?

Vossa imagem está coberta com um belíssimo manto. Não será para dizer-nos que vós acolheis a todos, grandes e pequenos, pobres e ricos, santos e pecadores, pois vós sois Mãe de todos?

Por fim, vossa pequenina imagem, querida Mãe Aparecida, traz sobre a cabeça uma linda e rica coroa. Não será para dizer-nos que vós reinais no céu junto de vosso Filho e que, como Mãe feita Rainha, conheceis a cada um de nós, conheceis nossos problemas, nossas lutas, nossas dificuldades e que intercedeis continuamente por nós?

Eu penso que sim, que o simbolismo de vossa imagem contém uma série de lições para nós, vossos filhos e vossas filhas. Indo visitar-vos em Aparecida, movidos pela fé, mais do que simplesmente venerar vossa imagem, queremos encontrar-nos convosco, venerar-vos, agradecer-vos, invocar-vos. E vós, que sois um Evangelho vivo, continuais a repetir a todos os que vos procuram as palavras que pronunciastes em Caná da Galileia: "Façam tudo o que meu Filho disser" (Jo 2,5).

É precisamente para isso que nós vamos até Aparecida: para aprender a viver o Evangelho. Ali, purificamos nosso coração mediante o sacramento da Reconciliação; ali participamos do sacrifício e banquete da Eucaristia para nos revestir de Jesus; dali partimos com a mente e o coração cheios de santa alegria, porque experimentamos vosso carinho, vossa doçura, vossa misericórdia; junto a vós reforçamos nossa fé, renovamos nossa esperança e alargamos nosso coração, para sermos, na caridade, mais irmãos e irmãs; junto de vós, que sois Mestra de Evangelho, aprendemos que só há um Caminho, uma só Verdade, uma só Vida: vosso Filho, Nosso Senhor Jesus Cristo!

Era isso, querida Mãe Aparecida, que eu tinha no coração para vos dizer. Acolhei minhas palavras, minha oração e dai-me vossa bênção de Mãe! Ajudai-me a pôr em prática tudo o que Jesus disse e ensinou, com suas palavras e seu exemplo. Tenho certeza de que essa é a devoção que mais apreciais.

E agora, ao me despedir, permiti que eu cante com todos os brasileiros que vos amam: "Dai-nos a bênção, ó Mãe querida, Nossa Senhora, Aparecida"!

Ass: ....

Índice

Este livro foi composto com as famílias tipográficas Adobe Garamond Pro e Segoe UI e impresso em papel Book Ivory Slim 65 g/m² pela **Gráfica Santuário.**